# MENTIROSO

*El Arte de Detectar Engaño*
*y*
*Solicitar Respuestas*

*Por*

*Barry McManus*

Global Traveler LLC
Leesburg, VA 20176
www.liarbook.com

Primera Edición, 2008



ISBN: 978-0-9815855-1-2

Número de Control de la Biblioteca del Congreso: 2008924652

Diseño de la portada por HighLevelStudios.com

Fotografía de la cubierta por Susan Mezzulo

Diseño por Just Ink cortesía de High Level Studios

Www.highlevelstudios.com de estudios

Este libro está impreso en papel libre de ácido

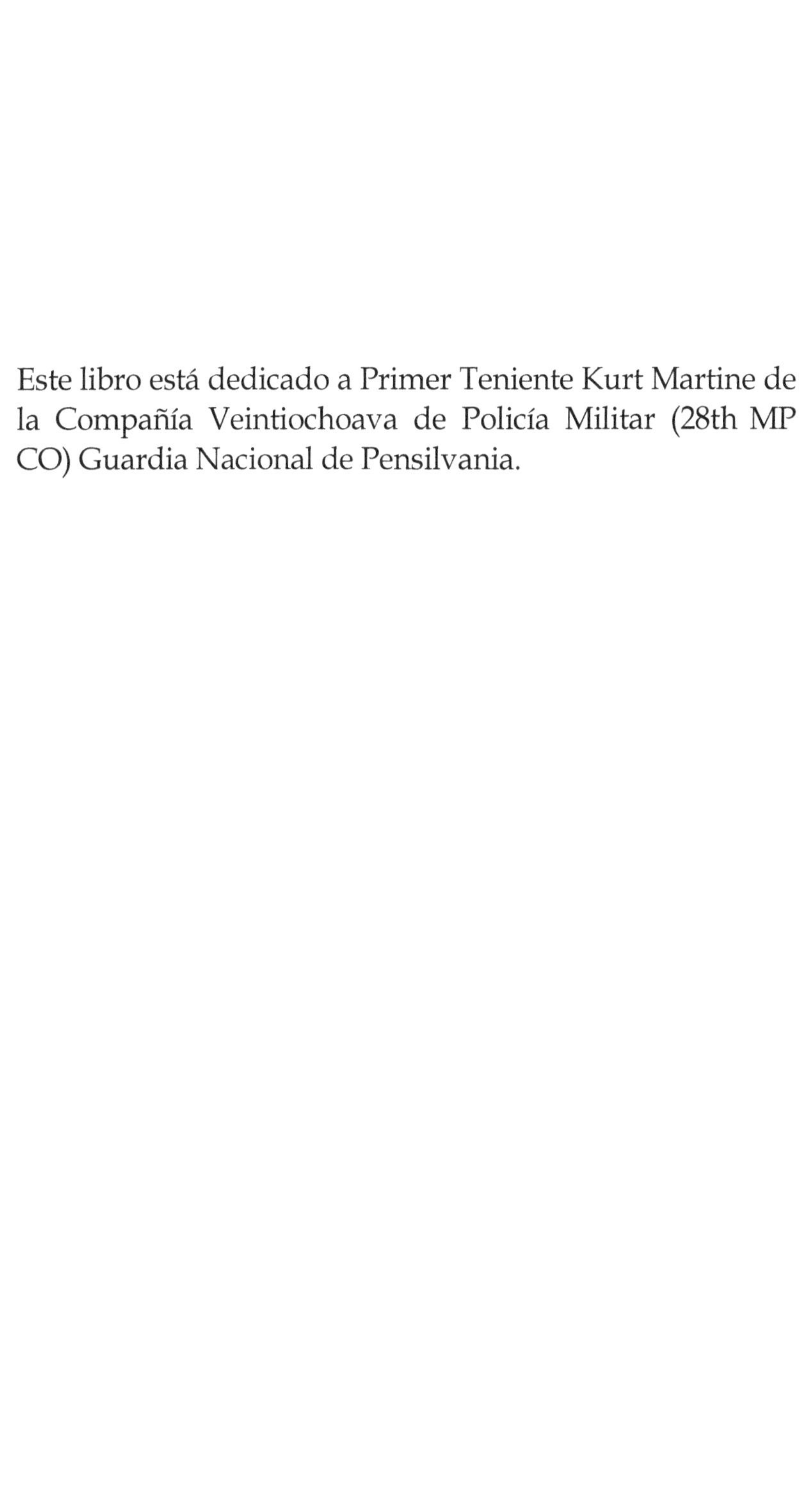

Este libro está dedicado a Primer Teniente Kurt Martine de la Compañía Veintiochoava de Policía Militar (28th MP CO) Guardia Nacional de Pensilvania.

*"Por mucho tiempo no he dicho lo que yo creo ni alguna vez creo qué digo y si ciertamente yo acierto a decir la verdad, lo escondo entre tantas mentiras que es difícil de encontrar."*

*Niccole Machiavelli*

# PRÓLOGO

Este libro es un recurso importante para cualquier colector de información, bien sea un investigador de gobierno, un agente de la policía, o un colector de información competitiva del sector privado.

"La libertad es un privilegio que la población de los Estados Unidos ha acogido y luchado por defenderla a lo largo de su historia. Esta es la fibra moral que permite a personas de diferentes culturas vivir juntas en paz y prosperidad. Para mantener esta libertad y guardar un espíritu fuerte de paz y prosperidad, nosotros debemos aprender a comprender y apreciar diferentes culturas. Este entendimiento permitirá a las fuerzas policiales y unidades de inteligencia determinar si quién está en medio de nosotros es un amigo o un enemigo."

El material que usted está a punto de leer, tiene su origen en las consecuencias de los ataques del 9/11 contra la ciudad de Nueva York y Washington, D.C. Recapitulemos las actividades que condujeron a esta terrible tragedia.

Veintiséis conspiradores terroristas de al-Qaeda - dieciocho Sauditas, dos Emiratos, un Egipcio, un Libanés, un Marroquí, un Pakistaní, y dos Yemenies – trataron de entrar en los Estados Unidos con el objetivo específico de realizar una misión suicida. El primer miembro de este grupo comenzó a planear la entrada a los Estados Unidos desde dos años y medio antes de los ataques de 9/11.

A principios del año 2000 Las autoridades de inteligencia conocieron o sospecharon que tres de las conspiraciones terroristas eran de Al-Qaeda. Sin embargo, su información biográfica no fue totalmente desarrollada o suministrada a las

Embajadas Americanas en el exterior y no fue publicada en los diferentes puertos de entrada a los Estados Unidos.

Tres de los conspiradores llevaban pasaportes de Arabia Saudita los cuales contenían señales de ser posibles extremistas. Estas señales habían sido encontradas en los pasaportes de muchos de los terroristas de al-Qaeda que habian entrado a los Estados Unidos para ejecutar el primer ataque al Centro de Comercio Mundial en 1993. Debido a su significado estas señales aún estaban en proceso de ser analizadas por la CIA, el FBI y autoridades fronterizas. Dos de los conspiradores llevaban pasaportes con estampillas de entradas/ y salidas fraudulentas (o sellos) los cuales probablemente fueron insertados en los pasaportes de al-Qaeda como una forma o señal para controlar su recorrido.

En abril de 1999, los conspiradores comenzaron a adquirir visas de entrada a los Estados Unidos. En una forma muy fácil de ser detectada, dos de los conspiradores mintieron en su aplicacion para obtener la visa pero ellos nunca fueron cuestionados sobre estas mentiras. Otros dos conspiradores fueron entrevistados por razones no relacionadas con el terrorismo, sin embargo la mayoría de los conspiradores simplemente tuvieron sus aplicaciones aprobadas y sus pasaportes estampados con la Visa de los Estados Unidos solamente con un examen de rutina a sus documentos. Para entonces, los oficiales Consulares del Departamento del Estado no eran entrenados en detectar potenciales terroristas durante las entrevistas para la solicitud de visa.

Una vez que la operación estuvo en curso, los conspiradores se atrevieron a entrar en los Estados Unidos 34 veces en un lapso de 21 meses, a través de nueve diferentes aeropuertos. Casi siempre tuvieron éxito a excepción de una vez ¡ Los inspectores de los aeropuertos de los Estados Unidos no estaban entrenados en la importancia de la relación entre los conspiradores y los pasaportes señalados o marcados y tampoco sabían el significado fraudulento de estos sellos viajeros asociados con el grupo de al-Qaeda.

Ninguno de los Inspectores o Agentes especiales fueron entrenados en detectar el patron de viaje del terrorista o sus prácticas fraudulentas en documentos. Pocos de estos Inspectores o Agentes Especiales habían adquirido entrenamiento formal sobre habilidades en conducir una entrevista más allá del entrenamiento de trabajo. Mas importante aún, la cultura de estos Inspectores fue enfocada en agilizar la entrada de los viajeros a los Estados Unidos más que hacer cumplir as regulaciones y reglas de inmigración. Es importante hacer notar que la excepción a esta practica incluyó personas sospechosas de cargar drogas o contra-bandistas criminales conocidos como sospechosos de llevar contrabando.

Cuando intentaban entrar a los Estados Unidos, cinco de los conspiradores fueron referidos a inspecciones secundarias para un chequeo de seguridad más intensivo. Un piloto fue referido a la inspección secundaria, en dos puertos de entrada, en una ocasión fue referido a un inspector de aduana entrenado para buscar transporta-dores de drogas. En otra ocasión fue referido a un inspector de inmigración creyendo que el piloto era un inmigrante potencial. Un piloto fue referido a inspección secundaria por tener una Visa equivocada. Y un secuestrador que no era piloto fue referido porque no tenia visa. Otros dos conspiradores fueron referidos a la inspección secundaria por no haber tenido completa las formas de llegada de aduana y por no haber podido comunicarse con los inspectores.

Cuatro conspiradores fueron admitidos por la inspección

secundaria, donde quién los entrevistó no pudo verificar la información suministrada por ellos y así ejercer un operativo. Además, confusión en las leyes de inmigración, reglas y regulaciones produjeron como resultado que los conspiradores pudieron entrar a los Estados Unidos.

Un conspirador fue entrevistado largamente por un inspector de la frontera. El inspector concluyó que no cumplía con las leyes y representaba un riesgo admitirle la entrada debido a su actitud hostil, comportamiento arrogante y alegaciones contra-dictorias. Por esta razón le fue negada la entrada pero antes un oficial supervisor cuestionó la decisión actuando en defensa hacia los ciudadanos de Arabia Saudita en el aeropuerto.

Las entradas de los conspiradores ocurrieron durante un periodo donde 20 millones de personas aplicaron para entrar a los Estados Unidos a través de 220 puertos de entrada. Durante este período los 19 secuestradores se mezclaron dentro de la cultura Americana. Adquirieron licencias de conducir, tarjetas de identificación, lugar dónde vivir, trabajo y estudio. Ellos evadieron el escrutinio de la policía local y estatal durante los retenes de rutina. Y pronto comenzaron a vivir entre nosotros como nuestros vecinos cercanos y como terroristas!

Comisión del 9/11

Informe de la Ruta de viaje del terrorista del 9/11

# CONTENIDO

la información que usted necesita. Es muy importante planear por adelantado que es lo que desea resolver o determinar durante el proceso de entrevista.



Debe existir entendimiento mutuo en la conducción de una entrevista exitosa y así de esta manera la información fluirá natural a través de la relacion interpersonal establecida entre el entrevistador y el sujeto entrevistado. En el capítulo cuatro usted aprenderá varios metodos que han sido exitosos y que establecen entendimiento con individuos sin importar su procedencia.



No existen recetas exactas para detectar mentiras y suscitar respuestas; sin embargo la información es la mejor defensa, así como la mejor arma para resolver cualquier conflicto, y el terrorismo no es la excepción. El camino que vamos a tomar en el capítulo cinco está diseñado para proveer a las fuerzas policiales, oficiales de inteligencia y otras entidades que necesitan información creíble y confiable los elementos necesarios para mejorar sus habilidades en colectar información veraz.



El principal objetivo de la entrevista es obtener información veraz y relevante, no es la búsqueda de una declaración de culpabilidad. Usando preguntas apropiadas usted deberá esforzarse en hacer que el entrevistado hable libremente. El capítulo seis ilustra técnicas y formatos de preguntas diseñadas para ayudarle a entender el arte de preguntar y mantener así el control de la entrevista.

El capítulo siete tiene su base en los capítulos anteriores y entrena en cómo avanzar con la entrevista. El propósito de presentar una historia similar es sugerir justificación a las acciones de una persona, en una forma hipotética lo cual le permitirá al entrevistado proveer información libre, adicional sin perder authenticidad y espontaneidad



Otras formas de evadir respuestas son frecuentes tácticas de comportamiento usadas para sabotear una entrevista. El entrevistado puede usar estas tácticas en la entrevista, y la pasión que le coloque en defender su posición; podrá ser vista como el grado de envolvimiento en la actividad criminal terrorista. En el Capítulo ocho usted aprenderá a resolver estas tácticas.



El propósito del capítulo nueve es promover entendimiento y conocimiento sobre otras culturas de tal forma que los oficiales de policía locales, estatales y federales sepan diferenciar hábitos y costumbres de otras culturas en el mundo propias de ciudadanos de bien con los comportamientos delictivos de los que desean quebrantar la ley y así los agentes puedan estar directa-mente más enfocados en los criminales que desean infringir la ley.



La habilidad de persuadir a otros no es anormal. Incluso no es extraordinario mentir, no ser bien representado o engañar. Así como existen técnicas especiales para identificar y persuadir exitosamente a las víctimas, Así también no hay mucha evidencia en la literatura que sugiera que los mentirosos poseen un don o cualidad de entrar en las mentes de otros o manipularlos. Un mentiroso aparenta seguridad en sí mismo, no tiene remordimientos, tiene dificultad para expresar afecto o simpatía por otros, disfruta ser observado y hacer teatro y usa la hipérbole como parte de sus activos de operación. Un mentiroso desarrolla un sistema para aproximarse a su víctima, por ejemplo, entendiendo las creencias y cultura ideológicas de su objetivo en particular. El objetivo escogido comienza a ser la presa.

Existe muy poca literatura de cómo un engañdor se gana la confianza de sus víctimas y cómo estas llegan a estar convencidos que lo que el mentiroso dice y hace es verdad.

# INTRODUCCIÓN

*Detectando el Engaño - herramientas de intercambio o. . .*
*La Búsqueda por una Mejor Ratonera!*

Hoy, los investigadores tienen una multitud de tecnologías diseñadas para ayudarles en la búsqueda de la verdad. Esto no siempre ha sido así, a través de la historia determinar la verdad ha sido un tema que podría significar la diferencia entre la vida y la muerte.

500 A.C. Los curas indios colocaban un burro en un salón oscuro y le colocaban grasa de tinta en la cola. A los acusados se les decía que cuando el culpable tirara de la cola del burro "el burro podría hablar y ser escuchado a través del templo. La persona que tirara de la cola y salía con las manos limpias era pronunciada ladrón y era castigado".[1]

En Inglaterra medieval, se determinaba la culpa-bilidad a través de pruebas dolorosas. Un sospechoso de mentir se le ordenaba llevar una barra de hierro caliente o debía caminar sobre carbón encendido. Si el sospe-choso resultaba quemado, esto era prueba de su culpa-bilidad y podría ser ejecutado.[2] Otras cortes emplearon pruebas de agua, el acusado era puesto en una bolsa y era lanzado a una laguna. Si el acusado se hundía, era declarado inocente, pero si el acusado flotaba, esto indicaba que era culpable de mentir y sería colgado.[3]

Durante el siglo diecinueve, la frenología - la "medida de los protuberancias y las formas de el cráneo" dirigía a los investigadores a creer que podrían determinar la verdad o la mentira sólo mirando y midiendo las protuberancias.[4] A medida que pasaba el tiempo, la comunidad científica comenzó a observar la química cerebral de los sospechosos en búsqueda por el líquido de la verdad.[5]

Escopolamina, sodio amital y el sodio pentotal fueron suministradas en épocas pasadas con el fin de inducir a los sospechosos a un estado donde no eran capaces de decir mentiras.[6] Estas drogas hacían que los sospechosos perdieran control de sus pensamientos y del proceso de su lenguaje, "las personas inducidas con éstas drogas hablaban con un sin fin de incoherencias." Los resultados dejaron a los investigadores más confusos de lo que inicialmente estaban. [7]

Hoy, los investigadores son apoyados por dispositivos técnicos sofisticados como el polígrafo, el análisis del estrés de la voz, proyección termo facial, y La resonancia magnética. Estos dispositivos pueden servir como punto de referencia para producir respuestas relacionadas con el caso en investigación.

*"Parece demasiado simplista censurar todo la mentira. En la pesada oscuridad del mundo real, se debe hacer elecciones."*

*Henry Hyde*
*Escándalo Irán-Contra en 1987*

## El Arte de Detectar Engaño

No existe un atajo para detectar mentiras, y hacer que la gente provea información veraz, y si alguien trata de persuadirlo… también … lo estarán engañando. De echo, la mayor parte de información acerca de cómo descubrir mentiras y producir información es genérica: esta puede ser encontrada en libros, magazines y seminarios. Lo que yo he descubierto durante tres décadas conduciendo entrevistas e interrogando personas alrededor de 130 ciudades, sin distingo de ciudadanía, etnia, religión, creencias o si carecen de ellas, en nuestro nivel profesional, la mayoría de nosotros, básicamente mentimos de la misma forma.

El arte de detectar mentiras y producir información puede ser usado en todas las culturas, se usa cuando se entrevistan extranjeros, hasta el investigador local, los empleados, ejecutivos y grupos de negocios competitivos, o cualquier persona de la cual usted necesita obtener información veraz.

El arte de detectar mentiras produciendo respuestas basadas en las técnicas aprendidas para obtener información y asesorar comportamiento no lo convertirá en James Darrell o Perry Mason, tampoco convertirá su institución o compañía en el fuerte Knox, y esto no alienará su compañía contra clientes o empleados potenciales. A cambio, esto puede ser un delicado instrumento de administración que le ayudará a evaluar las vulnerabilidades potenciales de los engaños. Esto no está diseñado para limitarlo, por el contrario incrementará las probabilidades de éxito. Usted podrá estar seguro que su compañía y su equipo de trabajo están actuando en un ambiente confiable, seguro, y con válida información que solo le incrementará su habilidad para que su compañía alcance o sobrepase los rendimientos proyectados.

Haga preguntas a un entrevistado o a un sospechoso, o a un testigo y usted verá como reconocerá cuando le estén mintiendo en cuestión de tres o cinco segundos, además esto sucede al mismo tiempo en que usted está estableciendo la base de comportamientos de el entrevistado. Sin embargo, el objetivo principal de la entrevista es obtener información veraz, y no es la de buscar un culpable o inocente. El arte de detectar mentiras y producir respuestas no tiene la intención de convertirlos en interrogadores. Realmente, la diferencia entre entrevistar e interrogar es muy grande.

El arte de detectar el engaño y producir respuestas es una metodología de análisis estructurado del comportamiento que le ayudaran a conducir entrevistas más efectivas. Esta metodología le ayudará a usted, a su compañía, institución y/o organización a reconocer expresiones y comportamientos mentirosos, y finalmente obtener la información que necesita. El reciente escándalo de las corporaciones mundiales como WorldCom. Enron, Anderson, Adelphi, Xerox, Tyco, Glogal Crossing, Qwest, y Merry Lynch, entre otros, claramente demuestran que hoy los negocios no pueden tomar riesgos de pasar por alto el engaño o no estar al tanto de todo lo que sucede al interior de sus compañías y sus asociados lo mismo que con sus clientes. Perder las ganancias, destruir la confianza pública, y caer en problemas legales y castigos financieros son sólo unos ejemplos de estos riegos. Hoy en día Los ejecutivos deben estar muy bien preparados para identificar negocios y tácticas engañosas dentro y fuera de su empresa. El arte de detectar mentiras y producir respuestas está especialmente diseñado para ayudar a todos nosotros quienes estamos en posiciones de dirección y todos los que estamos en las fronteras protegiendo nuestra ciudad; ésto puede ser aplicado a problemas legales, financieros, recursos humanos, fuerzas policiales y crisis de administración y manejo.

# Capítulo 1 La Tecnología

## *El Polígrafo*

El Polígrafo moderno emplea accesorios que supervisan la actividad pulmonar, cardiovascular y electrodérmico cuando una persona está expuesta a tensores específicos. Estos "tensores" están agrupados en una variedad de preguntas las cuales forman parte de un formato de prueba en particular. La tecnología actual emplea un convertidor digital ligado a una red que está conectada a una sola consola de escritorio o a un sistema de cadena de computadores portátiles que los convierten en "señales" fisiológicas, monitoreada por las conexiones dentro de las señales digitales transmitidas a una cámara de video que permiten al examinador observar los cambios fisiológicos del la persona a través del curso de la prueba. Comparando las respuestas fisiológicas durante la aplicación de diferentes pruebas comprar-ativas, un examinador puede determinar si la persona está diciendo la verdad o está mintiendo.

La tecnología no siempre ha sido tan compleja. De hecho, la tecnología que existe para detectar mentiras se ha desarrollado lentamente durante muchos años. En 1986 Cesare Lombroso fue el primero en estudiarla empleando significados científicos. El Pletismógrafo de Lombroso medía los cambios en la presión sanguínea en una persona cuando era interrogada. [8]

En 1987, B. Sticker midió la respuesta galvánica de la piel en una persona cuando era interrogada y se monitoreo la conductividad electrónica de la piel a través de la sudoración.[9]

En 1914, Vittorio Benussi utilizó una entubación neumática para medir los niveles de sudoración de las personas. Benussi encontró que el "nivel de inspiración y expiración era más alto en una persona antes de decir una verdad que antes de decir una mentira."[10]

El trabajo de Benussi que medía los niveles de respiración significaba que la presión sanguínea, las respuestas galvánicas de la piel y los radios de respiración podían ser usados para monitorear la fisiología de una persona cuando era confrontada con preguntas que eran necesarias para resolver un caso específico o para determinar si una persona estaba diciendo la verdad o no.

Fue sólo hasta 1915 cuando William Marston, Un Psicólogo Americano, comenzó a demostrar un "prueba de detección de mentiras" que usaba un puño de presión arterial para monitorear la presión sanguínea sistólica del sospechoso durante la interrogación.[11] Marston no estaba muy interesado en la tecnología empleada durante la interrogación, pero , en cambio, creía que las técnicas de interrogación más que la tecnología implementada hacían posible la detección de la mentira.

En 1921, John Larson Creo el primer "Polígrafo" para ser usado por los científicos forenses.13 El "psicograma cardio neumónico" de Larson monitoreaba la presión sanguínea, el pulso y los niveles de respiración y estos eran gravados en un tambor de papel.[14] Esta fue la primera vez que alguien intentaba emplear un monitoreo simultáneo de varias respuestas fisiológicas con el propósito de detectar mentiras.

Leonard Keeler mejoró el diseño de Larson. Su diseño incluía la "Quimografía" consistía en un motor que regulaba el nivel de velocidad y servía para rotar el tambor de el rollo de papel en movimiento debajo del lápiz.[15]

El también mejoró la calidad de los tubos usados para medir el nivel de la respiración de sus sujetos observados e instaló un Psicogalvanómetro" [16] para monitorear la respuesta galvánica de la piel a través de dos pequeños discos de metal que estaban adheridos a las "yemas de los dedos de los sujetos".[17]

En 1926 Keeler comenzó a promocionar su producto en el mercado "el Polígrafo de Keeler" presentándolo como "un detector de mentiras." Keeler tuvo éxito al convencer a la comunidad de las fuerzas policiales diciéndoles que su "detector de mentiras" era una forma infalible para detectar mentiras.

La tecnología no cambió por cerca de 20 años. En 1946, la compañía Stoelting introdujo canales electrónicos de grabación, siendo ésta la primera compañía en tener estos canales de grabación que habilitaban al examinador para mejorar la amplitud de los trazos del polígrafo electrónicamente simplemente ajustando una perilla de sensibilidad en el plato delantero de la parte frontal del instrumento. Fue en esta clase de polígrafo, en 1982, donde recibí el primer entrenamiento de este tipo.

En 1968, La compañía de Stoelting introdujo un

monitor de actividad cardíaca (CAM) y comenzó a mejorar la calidad de sus instrumentos produciendo componentes electrónicos multifuncionales.[18] Al final de los Ochentas, fue introducido al mercado el primer computador para ser usado con el polígrafo y en 1992, La compañía de Stoelting introduce su "Sistema poligráfico computarizado." [19]

Hoy, el software de algoritmos permiten a los psicofisiólogos forenses monitorear las señales digitales desde sus computadores personales. Los psicofisiólogos forenses están habilitados también para visualizar los trazos del polígrafo. El mejoramiento de la señal de calidad de los trazos fue hecha a propósito con el fin de incre-mentar un diagnóstico y análisis más exacto. Los Psicofisiólogos forenses pueden incrementar o disminuir la amplitud de los trazos de los componentes, presentando visualmente señales cardíacas erráticas y eliminando contaminación cardíaca causada por una contracción ventricular prematura. En adición, Los psicofisiólogos forenses pueden visualizar y comparar una figura de datos con otra o dividir la pantalla en dos, o correr reportes de los datos algorítmicos comparada con los tipos de preguntas para así determinar la probabilidad de descubrir las mentiras y además permite comunicarse con la persona que está aplicando la prueba del polígrafo a través de un sistema de comunicación por computador, en tanto la prueba este en progreso. La mayoría de las fuerzas policiales y de inteligencia están usando estos sistemas de poligrafía.

El uso de el polígrafo siempre ha sido objeto de controversia. El área legislativa profesional tiene sus dudas en valor de las evidencias de los resultados de su uso. En muchas cortes se rehúsa admitir como evidencia los resultados de la prueba del polígrafo. La comunidad científica esta cuestionando la tecnología empleada en el proceso del polígrafo y constantemente buscan en encontrar una mejor técnica. El congreso se unió a la ley solicitada sobre Ley Para la Protección del Empleado contra la Prueba del Polígrafo Acta de 1988 (*Employee Polygragh Protection Act of 1988*), el cual limita el uso de el polígrafo como una prueba de selección a los aspirantes a un empleo en grandes industrias mayoritarias. (Ver *The employee polygraph protection act of 1988*, P.L. 100-37, Junio 27, 1988). A pesar de esta controversia, el polígrafo aun existe como un instrumento de investigación en las fuerzas policiales, de inteligencia y lo mismo que en las industrias que están desarrollando tecnologías de alto riesgo (por ejemplo las compañías farmacéuticas o las industrias nucleares) en medio de muchas pruebas que están siendo aplicadas en cada año. En la opinión profesional del escritor digo que se debe dar apropiado entrenamiento a los psicofisiólogos forenses, e instrumentos calibrados apropiadamente y una edición especifica para trabajar. Con estas condiciones el polígrafo es el mejor instrumento que existe hasta la fecha para detectar mentiras y va a continuar jugando un papel l importante, en las dos fuerzas policiales y comunidades de inteligencia.

**Análisis del Estrés de la Voz.**

Desde principios de 1970 se han realizado intentos para detectar cuando una persona dice mentiras a través del análisis del nivel de esfuerzo en la voz. Charles McQuiston desarrolló el evacuador del estrés fisiológico (psychological stress evacuator PSE) para ayudar a los soldados americanos en Vietnam "a interrogar prisioneros de guerra sin parecer que se estaba aplicando una prueba para detectar mentiras."[20] Descendientes del (PSE) incluyen el analizador del estrés de la voz (voice stress analyzer VSA) y el analizador computarizado del estrés de la voz (computerized voice stress analyzer CVSA) .

En un principio, el analizador del estrés de la voz involucraba una tecnología simple que monitoreaba los cambios en las frecuencias en las cuerdas vocales, cuando el sujeto se encuentra en momentos de tensión. La investigación prueba que (a. Todos los músculos en el cuerpo, incluyendo las cuerdas vocales, vibran entre 8 y 12 Hz de rango.....en momentos de tensión, como cuando se está diciendo una mentira y la persona no desea ser descubierto. ..() la vibración se incrementa y pasa desde estar relajado en 8 a 9 Hz a estar tensionado entre 11 y 12 Hz rango." [21] Algo que es común en todas las personas es "que sus niveles de tensión constantemente cambian dentro de este mismo rango, dichos cambios indican que "se percibe peligro" de las expresiones que se están diciendo." Como es el caso de una mentira que de ser descubierta podría costar caras consecuencias, y el temor de ser descubierto resulta en que los niveles de presión se incrementa significativamente. El aumento que produce la tensión vocal es fácil de monitorearlo usando VSA o el CVSA.

La Academia de Defensa para la Evalución de la Credibilidad (Defense Academy for Credibility Assessment DACA) cuyo previo nombre era Instituto Departamental de la Defensa del Polígrafo (Department of

Defense Polygraph Institute DoDPI) rutinariamente investiga para programas del gobierno federal involucrando la tecnología asociada para detectar engaño. Un estudio dedicado a atrapar contrabandistas utilizado en un puesto de chequeo de seguridad "Ability of the Vericator™ to Detect Smugglers at a Mock Security Checkpoint" (Febrero 2003) demostró que la confiabilidad del ACEV era muy bajo. Y no fue recomendado como un método seguro para detectar mentiras.[23] DoDPI hizo la anotación:

Sin duda alguna, el método VSA continuará vigente por varias razones. Primero, la señales vocales no requieren sensores o transductores para ser visibles. Segundo, la adquisición de las señales vocales no requieren de equipos costosos e incómodos. Tercero, la adquisición de las señales vocales se pueden obtener de diferentes formas, por ejemplo a través de interrogaciones, entrevistas y conversaciones no estructuradas….(F) Cuarto, El VSA es una industria que ha estado en el mercado por mas de 30 anos. Quinto, VSA continuará presionando a los legisladores y encargados de programas para que den una rápida solución a los problemas a largo plazo… Finalmente…es un acto intuitivo descubrir el engaño solo con escuchar a una persona cuando habla?. VSA se convierte en una "bala de plata mágica" en la mente de la gente. Desafortunadamente, hasta la fecha, VSA aun no ha podido demostrar su proyecto como un indicador válido y confiable en la detección del engaño. [24]
A pesar de estos resultados, existen agencias privadas y policíacas de investigación que creen en el uso de VSA (o en el uso de (CVSA) como un instrumento importante en las investigaciones .

**Tecnología emergente.**

Actualmente han emergido un número de tecnologías que están disponibles para ser aplicadas en la detección del engaño. La proyección de la imagen termal facial permite a los usuarios observar el flujo de la sangre. "Cuando una persona miente él.... Se torna ansioso y la sangre fluye con fuerza a las áreas alrededor de los ojos. Este flujo de sangre puede ser detectado por un cribador termal el cual proyecta una imagen que puede ser observada"[25]

Los rayos láser se pueden utilizar para "detectar cambios corporales, musculares y respiratorios asociados a la ansiedad que produce decir mentiras."[26] Hay incluso "un teclado detector de mentiras,"[27] el cual "detecta la mentira cuando la persona está mecanografiando en un teclado de computador, además la computadora analiza la fuerza en el teclado, detecta la humedad en la yema de los dedos, y a través de éstos registra el calor del cuerpo, y detecta la velocidad al digitar textos en el teclado." [28]

Los Investigadores "recientemente han descubierto cierta actividad en el cerebro cuando una persona dice mentiras..."[29] (T) la parte anterior de la corteza cingulada es una de esas regiones.[30] La actividad neural aumentada " puede ser detectada a través de imágenes por resonancia magnética (Magnetic Resonance Imaging MRI), la cual registra esta actividad en el cerebro identificada con cambios en el flujo de la sangre en el cerebro y su nivel metabólico.[31]

Lorenzo Farwel, miembro de la facultad médica de Harvard, ha desarrollado lo que él ha llamado "huella dactilar del cerebro."[32] Esta técnica comienza "antes de que la persona tenga la intención de mentir, aparece como una elevación en el cerebro cuando se le pregunta algo relacionado con el crimen implicado... Ésta elevación aparece solamente si la persona tiene información relacionada almacenada en su cerebro."[33] Farwell cree que ésta puede ser una técnica para ser usada en contra del terrorismo. "Si alguien ha sido entrenado para ser terrorista, estas personas almacenan esta información en su cerebro y nosotros podemos detectarla."[34] Ésta es una técnica de uso práctico que debe ser considerada.

Como puede ver los avances tecnológicos en la detección de mentiras ha tenido un avance monumental durante los últimos pocos anos. En última instancia, Los científicos podrían descubrir una técnica infalible para detectar mentiras. Sin embargo, así se tenga esta técnica infalible, el mejor instrumento científico que se le puede dar a un investigador para que detecte si una persona está diciendo la verdad o está mintiendo son las habilidades para producir respuestas veraces empleando las técnicas y el entrenamiento que reciben a través de las fuerzas policiales y de inteligencia.

# Capítulo 2 Detectando Engaño

## Señales de Engaño

Basándose únicamente en análisis del comporta-miento no es regla absoluta e infalible para detectar un engaño. Sin embargo, puede ser usada como comple-mento para producir respuestas. Esto puede ser un buen instrumento para colectar información. Usted debe entender que una persona puede pretender decir la verdad engañando al presentar una historia, en otras palabras cada historia debe tener un elemento de verdad para axial poder ser creíble.

Usted debe entender que no es posible conducir una entrevista con el único objetivo de esperar una respuesta veraz. ¿Por qué?

Colocar sus esfuerzos en tratar de identificar un comportamiento veraz, puede resultar en que usted puede perder o malinterpretar el comportamiento de la mentira.

¡El comportamiento veraz puede ser aprendido! Esta acción, a la que nos referimos como contramedidas, puede resultar en comportamiento auténtico que es imitado por la persona que engaña. Nosotros discuti-remos profundamente estas contramedidas o estrategias para decir mentiras en el Capítulo 10.

## Signos de Comportamiento Auténtico

Los siguientes signos son generalmente encontrados en un comportamiento que hace creer que se esta diciendo una verdad. Representa autenticidad, y puede ser observado en diferentes culturas, además puede servir como una base de comportamiento típico que puede ser encontrado en sus asesoráis iniciales. Por ejemplo:

**Respuestas Directas que requieren solo respuestas de "si" o "no"**

*Entrevistador:* ¿Su nombre es John Doe? (si esto ha sido verificado)

*Sujeto:* Sí.

*Entrevistador:* El día de hoy, alguien le ha pedido que lleve con usted un encargo especial

*Sujeto:* No.

**Respondiendo preguntas especificas (no excesivamente específicas):**

*Entrevistador:* ¿Usted con quién se va a encontrar?

*Sujeto:* Me voy a encontrar con mi hermano John. Él vive aquí.

**Respuestas verbales y no verbales compatibles:**

*Entrevistador:* ¿Usted ha visitado los Estados Unidos antes?

***Sujeto:*** Umm, no, (mover la cabeza afirmativamente cuando está contestando negativamente.)

**Respuestas que son espontáneas, con poco o ninguna vacilación (sea precavido con preguntas complejas):**

***Entrevistador:*** ¿Dónde va a quedarse durante su estancia aquí?

***Sujeto:*** Con mi primo.

***Entrevistador:*** ¿Dónde se va a quedar? ¿Cómo va a llegar hasta allá?

***Sujeto:*** (pausa) tomaré un taxi.

**Atento, sereno, e interesado:**

***Entrevistador:*** Necesito hacerle otras preguntas?

***Sujeto:*** No hay problema. Yo he hecho algo incorrecto?

(El sujeto hace contacto directo de ojos con el entrevistador)

**Postura corporal apropiada**

***Sujeto:*** Abra – los brazos no cubra su cuerpo con las manos. Siéntese derecho o inclínese hacia el entrevistador.

**Ejemplos:**

- Sonrisa "Sincera"
- Contacto directo apropiado de ojos (no mire fijamente)
- Siéntese derecho, no se recueste en la silla alejándose del entrevistador

## Signos de Comportamiento Engañoso

Busque comportamientos engañosos fijándose en:

## Límite de Tiempo Crítico

- Los comportamientos demostrados durante Límite de Tiempo Crítico "Punto de Estimulación de la Pregunta" (PEP) y el "el Punto de Reconocimiento de la Pregunta" (PRP) entre tres y cinco segundos más allá del "del Punto de Respuesta de Pregunta" (PRP).

**Ejemplo:**

¿Usted nació en Bagdad? Sí

> > >

PEP PRcP PReP

[< 3 - 5 Seconds > ]

[<Límite de Tiempo Crítico >]

## Combinaciones/Claves

- 2 o más comportamientos engañosos ocurren dentro de ese Límite de Tiempo Crítico.

**Ejemplos de Comportamientos Engañosos:**

Repita sus preguntas

***Entrevistador***: ¿Es ésta su primera visita a los Estados Unidos?

*Sujeto:* "Es, ésta mi primera vez en los Estados Unidos ?

**Provee información más de la requerida**

*Entrevistador:* ¿Quién le recogerá?

*Sujeto:* Pues bien Oficial, James es el hijo de la hermana de mi madre, y él debería ser como un hermano para mí pero en su lugar el es muy distante, incluso no se ofreció a recogerme de la estación de tren, después de todo lo que hemos hecho por él.

**El sujeto no provee ninguna respuesta:**

*Sujeto:* "Esa es una buena pregunta."

**Demasiado feliz, o demasiado amigable / excesivamente educado (agradecido y excesivamente halagador):**

*Sujeto:* Yo lo Comprendo oficial, usted sólo esta cumpliendo con su deber

**Tendencia a dar respuestas cualificadas**

*Sujeto:* Honestamente, yo no lo hice.

**Invoca su religión:**

*Sujeto:* Yo nunca haría algo así; Soy una buena

(Persona, etc. cristiano, musulmán.)

**No puede contestar una pregunta simple:**

*Entrevistador:* ¿Viaja usted solo/a?
*Sujeto:* ¿Qué quiere decir con viajar solo/a?

**Memoria selectiva**

*Sujeto:* No recuerdo; Justamente no puedo recordar.

**Se queja**

*Sujeto:* No me siento bien. Hace mucho calor/frío.

**Las Respuestas No Verbales**

- Comportamientos de pausa o demora en responder
- Movimientos bruscos del cuerpo
- Contacto visual inapropiado:

- **Duración:**
  El contacto visual promedio dura aproximadamente entre 3 segundos cada vez; Las excepciones indican intimidad o reto.

- **Porcentaje:**
  El contacto visual debe mantenerse aproximadamente un 30 % del total de tiempo que dure la conversación.

- **Diferencia cultural:**
  El contacto visual varía de acuerdo a la cultura o diferencias socioeconómico

- Postura inapropiada
- Gestos de aseo:

- Ajustándose la ropa
- Ajustando el reloj o la joyería
- Inspeccionando uñas
- Ajustando los anteojos
- Limpiando alrededor
- Cubriéndose la boca o los ojos
- Haciendo movimientos frecuentes con las piernas
- Frotándose las manos constantemente
- Haciendo sonidos de la garganta o tosiendo
- Comiéndose las uñas, labios, o el lápiz.

Ahora, que usted conoce los posibles comportamientos que indican que una persona está mintiendo a través de sus señales verbales y no verbales entonces puede leer los siguientes escenarios y seguir las instructciones al final de cada escenario.

**A. El Viajero Del Aeropuerto**

La Mujer Egipcia llega al aeropuerto. El propósito de su viaje es visitar a sus padres que viven en Washington, DC. La mujer lleva una maleta con parte dura la cual es asociada con los contrabandistas. En la maleta los oficiales encuentran un mapa de Washington, DC y Virginia con señalizaciones muy claras de sitios especiales relacionadas con fechas y horas especiales. También, encuentran otro tiquete con una llegada diferente y con una lista de hoteles, esto fue encontrado en la maleta de la pasajera. La joven se encuentre sumamente nerviosa.

A medida que lee las preguntas y respuestas, liste las

señales de mentira. Cuántas señales de mentira usted identificó correctamente?

*Oficial:* ¿Cuál es el propósito de su visita?

*Sujeto:* Vine para visitar a mis padres.

*Oficial:* ¿Es esta su primera visita a este país?

*Sujeto:* Ah, sí.

*Oficial:* ¿Cuánto tiempo usted estará aquí?

*Sujeto:* Ah, no estoy seguro, tal vez tres semanas. Ella respondió haciendo fuertes movimientos en si silla.

*Sujeto:* Dónde se quedará usted?

*Sujeto:* Con mis padres.

*Oficial:* ¿Cuáles son sus nombres?

*Sujeto:* ¿Por qué, es esto importante? LIAR 27

*Oficial:* Dónde viven?

*Sujeto:* En Washington, D.C.

*Oficial:* ¿Cuál es la dirección de ellos?

*Sujeto:* Ah, no la tengo conmigo, esa información está en mi maleta.

*Oficial:* ¿Cómo tiene planeado encontrarse con sus padres?

*Sujeto:* Iba a llamarlos tan pronto llegara.

*Oficial:* Si nosotros los llamásemos, Ellos podrían confirmar que usted viene a visitarlos?

*Sujeto:* No, ah, yo los quería sorprender.

*Oficial:* ¿Cómo piensa llegar a Washington D.C.?

*Sujeto:* Iba a tomar un taxi.

¿Fue usted capaz de identificar varios de

comportamientos engañosos de la señora Malik que fueron registrados con las preguntas?

**Seleccione los signos de engaño que usted observó. (Seleccione todo lo que tiene aplicación.):**

1. La respuesta 1: No di ninguna respuesta
2. La respuesta 2: Dio una respuesta.
3. La respuesta 3: Repitió la pregunta
4. La respuesta 4: Dio una respuesta para cualificar.
5. La respuesta 5: Hizo movimientos bruscos con las piernas
6. La respuesta 6: El retroceso.
7. La respuesta 7: Gesticula Aseo.
8. La respuesta 8: Tiene una posición inapropiada.

**Análisis**

Notó los cambios y movimientos bruscos de su cuerpo cuando ella respondió *"Ah, no estoy seguro, tal vez tres semanas"*. Sus signos de incomodidad cuando a ella se le halló en entredicho cuando respondió que la forma como se transportaría seria a través de sus padres quienes la recogerían. *"iba a llamarlos una vez que lleguara."* (Casi, preguntando al oficial la pregunta y no la respuesta.) ¿El Señora Malik aun decidió usar una objeción cuando ella debió proveer los nombres de ella padres y ella respondió *"Por qué es esto importante oficial?"* En lugar de contestar la pregunta del oficial.

El Entrevistado no repitió las preguntas del oficial

Jones, tampoco dio respuestas. Este entrevistado no intentó calificar sus respuestas o usar pausas conductistas o movimientos inapropiados de los ojos.

**Respuestas Correctas**

Respuestas correctas: 1, 2, 5, y 8

Ahora probemos otro. Liste los signos de engaño.

**B. Ataque con Gas Sarin**

**Oficial**: *Yo soy el Oficial* Jones. ¿Cómo le gustaría a usted que yo le llamara?

***Sujeto:*** Usted me puede llamar Ali.

***Oficial:*** Ali, investigamos el ataque frustrado de Sarín en un crucero local. ¿Qué conocimiento tiene usted de éste acontecimiento?

***Sujeto:*** Yo he escuchado acerca de este barco pero no tengo conocimiento de los acontecimientos que usted describe.

***Oficial:*** ¿Ali, cuál fue su envolvimiento en este ataque del crucero?

***Sujeto:*** El oficial. ¿Por qué diría usted que estaba involucrado?

***Oficial:*** ¿Por qué diría alguien que le oyeron sin intención hablando de un ataque en un crucero?

*Sujeto:* Ellos estaban equivocados.

***Oficial:*** Ali, no creo que usted me diga la verdad.

***Sujeto***: ¿Por qué me hace ese tipo de preguntas? Yo estoy bajo su custodia; No le puedo hacer ningún daño.

¡Bien! ¿Pudo ser capaz de identificar varios comportamientos engañosos de Ali que estuvieron registrados en las preguntas? Seleccione los signos de engaño que usted observó. (Seleccione todo lo que tiene aplicación.)

1. Respuesta 1: No respondió
2. Respuesta 2: Protestó
3. Respuesta 3: Repitió sus preguntas
4. Respuesta 4: Tendió a calificar las respuestas.
5. Respuesta 5: Dio una respuesta no verbal

**Análisis**

¿Se dio cuenta usted que Ali no respondió la pregunta que el oficial hizo?

**Oficial:** ¿Ali, cuál fue su participación en el ataque del crucero?

**Ali:** ¿Oficial, Por qué dice usted que yo estaba involucrado?

**Ali,** utilizó una actitud de protesta cuando fue confrontado por el Oficial Jones, diciéndole, "Ali, no creo que usted me esta diciendo la verdad."

**Ali:** "¿Por qué me hace este tipo de preguntas? Estoy en su custodia; No le puedo hacer ningún daño."

Si usted seleccionó cualquiera de los otros signos de engaño usted quizás necesita recalibrar o establecer un segundo patrón de conducta de Ali. Aunque todos las demás selecciones son respuestas engañosas, Ali no repitió las preguntas que le hizo el Oficial Jones, no calificó sus respuestas o facilitó alguna respuesta no verbal.

**Respuestas Correctas:**

Preguntas Correctas: 1 y 2

## C. Asesino sospechoso

Estos son los requerimientos para entrevistar a un asaltante sospechoso por el brutal asesinato de cuatro miembros de una familia Árabe-Americana. Las víctimas eran Cristianos Cópticos de Egipto, murieron de múltiples puñaladas. El objetivo de la entrevista fue determinar la implicación de los sujetos y el motivo del crimen.

Vea cuántos signos de engaño usted identificó correctamente.

***Oficial:*** Yo soy el Oficial Jones. ¿Cómo le gustaría que lo llamara?

***Sujeto:*** Usted me puede llamar a Ayman

***Oficial:*** ¿Ayman, que sucedió anoche? ¿Fue un mal entendido o usted se enojo y perdió el control?

***Sujeto:*** Ahora mismo yo estoy confundido. Usted no me esta diciendo nada.

***Oficial:*** Esta usted confundido sobre el incidente o por las razones que lo incitaron el asesinato.

***Sujeto:*** (Silencio)

Seleccione los signos de engaño. (Seleccione todo lo que tiene aplicación.)

1. Respuesta 1: No respondió
2. Respuesta 2: El fracasó al contestar una pregunta simple.
3. Respuesta 3: Memoria selectiva.
4. Respuesta 4: Explicación específica excesiva.
5. Respuesta 5: Pausa de Comportamiento.

**Análisis**

El sujeto demostró comportamientos engañosos cuando respondió las preguntas que el oficial le hizo. Estos comportamientos engañosos incluyen cuando el sujeto no respondió las preguntas y cuando tuvo una pausa conductista.

**Respuestas:**

Respuestas Correctas: 1 y 5

**D. Una Mirada al Terrorista**

Un viajero solicita admisión en los Estados Unidos. Él es referido a una entrevista secundaria después de que un estadounidense Oficial Aduanero y Fronterizo de Protección descubre que el Sujeto coincide con la descripción de uno de los terroristas que aparecen en lista. Luego fue determinado que esta persona no era la que buscaban. Sin embargo, la entrevista continuó.

A medida que usted lee las siguientes preguntas y respuestas, liste los signos de engaño. ¿Cuánto signos de engaño identificó correctamente?

***Oficial:*** Hola, puedo ver su pasaporte, tiquete y tarjeta de declaración. ¿De dónde viene hoy?

***Sujeto:*** De Marruecos haciendo escala en Londres

Oficial: ¿A dónde va?

***Sujeto:*** A Nueva York.

***Oficial:*** ¿Cuál es el propósito de su visita?

***Sujeto:*** Voy a asistir a una convención en Nueva York.

***Oficial:*** ¿Es ésta su primera vez en este país?

***Sujeto:*** Ah, sí.

***Oficial:*** ¿Dónde se va a quedar?

***Sujeto:*** En un hotel.

***Oficial:*** ¿Cuál es el nombre y la dirección del hotel dónde se va a quedar?

***Sujeto:*** Ah, no tengo esa información conmigo.

***Oficial:*** ¿Dígame, qué hace usted en Marruecos?

***Sujeto:*** ¿Por qué es importante para usted saberlo?

***Oficial:*** Es un requerimiento de la entrevista de entrada.

***Sujeto:*** Ah, está bien, pues bien, hago trabajo científico.

***Oficial:*** ¿Qué clase de ciencia?

***Sujeto:*** Ciencia nuclear.

***Oficial:*** ¿De qué se trata la convención?

***Sujeto:*** De ciencia nuclear.

1. Respuesta 1: No respondió
2. Respuesta 2: Tartamudeó.
3. Respuesta 3: Se quejó.

4. Respuesta 4: No fue suficientemente específico.
5. Respuesta 5: Pausa conductista y retraso

**Análisis**

¡Bien! ¿Debió usted identificar varios comportamientos engañosos registrados con las preguntas hechas? ¿Su no respuesta, cuando el Oficial Jones le pregunta "Dígame, qué hace usted en Marruecos?" ¿Y el respondió, "¿Por qué es importante para usted saberlo?" El sujeto también demostró otro comportamiento engañoso cuando él dio una respuesta poco específica a la pregunta del Oficial Jones.

**Respuestas correctas:**

Respuestas Correctas: 1 y 4

**Consejo útil:** Ocasionalmente, los Entrevistadores pueden necesitar recalibrar o establecer un segundo patrón de comportamiento del Sujeto para identificar comportamientos engañosos u otros señales no previamente exhibidas, como por ejemplo el tartamudeando, las quejas, el parpadeo de los ojos, Acciones de arreglarse o componer el vestido o traje, Comportamientos de pausa y de retraso.

**Resumen: La Detección de Engaño**

Al final, la más importante para recordar es tomar estrecha nota de los comportamientos que ocurren en el límite de tiempo crítico y el que ocurre en combinaciones y/o claves. En las siguientes consideraciones busque detenidamente los comportamientos indicadores de decir mentiras.

**Tiempo**

- Comportamientos demostrados durante un límite de tiempo (Desde "El punto de Estimulación de la Pregunta al Punto de la Pregunta)

El reconocimiento de 3 a 5 segundos pasado al "Punto de Respuesta a la Pregunta"

Las Combinaciones y los Grupos

- 2 o más comportamientos engañosos ocurrieron durante el límite de tiempo crítico.

# Capítulo 3 Elaborando Estrategias Para Entrevistar

## Estrategia de Entrevista

El propósito de la entrevista es tener a su Sujeto, testigo, víctima, o fuente, hablando y mantenerlo hablando para recoger información precisa y fidedigna, y no necesariamente para obtener confesiones de culpabilidad o maldad. ¿Cómo convence usted a alguien de proveer información que no es de su mejor interés? En la preparación es importante comprender a quién usted va a entrevistar. Esto requiere elaboración y cuando la preparación no es posible, dependiendo de su campo, usted puede prepararse leyendo y estudiando acerca de personas y su cultura. Cuando sea posible, lea cualquier información que esté a su disposición, hable con gente con conocimiento del Sujeto, su cultura, o conocimiento geográfico. Adicionalmente, desarrolle una estrategia, un plan de juego. Con el tiempo, a medida que usted desarrolle la habilidad, usted tendrá una lista (maleta, lista de compras) de diversas estrategias que le han dado resultado de acuerdo a diferentes escenarios de entrevista. Esto no quiere decir que estas estrategias le funcionarán siempre a todo el mundo. Quiere decir que usted debe tener un plan de juego y debe ser lo suficientemente flexible para cambiar los engranajes que necesite en caso que sus estrategias no marchen.

La buena preparación aumenta su habilidad para establecer entendimiento mutuo..

¿Por qué?

Si usted ha cumplido con su tarea en comprender la cultura de la persona, identificando áreas comunes posibles y problemas potenciales, esto le conducirá a una estrategia que incluirá desarrollo de preguntas, tema y de historia.

**Estrategias de Entrevista**

El máximo error hecho por entrevistadores es la ausencia de preparación antes de que la entrevista comience. Echémosle una mirada a algunos de esos asuntos claves al recoger información antes de la entrevista:

- **Determinar asuntos principales y preguntas.**

Para completar un ejercicio de recolección de información exitoso, hay que prever la intención que usted tiene de resolver o decidir del proceso. Esboce una estrategia lo más pronto posible y asegúrese de cubrir todas las áreas que usted previamente planificó al detalle durante la etapa de recolección de información. Use preguntas organizadas en el Sujeto si usted no recibe la profundidad de detalle en las respuestas a las preguntas que usted plantea.

- **Considere opciones para preguntas.**

Revise sus técnicas de interrogación y estrategias de entrevista antes de la fase de recolección de información. Asegúrese de adaptar su línea y método de interrogación para cumplir con las circunstancias. Si el Sujeto con el que usted está hablando no es comunicativo, dedíquese a construir más compenetración con él. Si el Sujeto es excesivamente verboso en su respuesta, o si parece que reencauza las preguntas que usted hace y contesta alguna otra cosa, no dude en guiar la conversación al tema principal.

- **Incorpore lenguaje suave.**

En todas las instancias, mantenga un bajo perfil - su meta es recoger información, no intimidar al Sujeto. No perjudique el entendimiento mutuo; Es muy difícil construir un entendimiento exitoso con un Sujeto y muy, muy fácil perderlo sobre una frase mal dicha o un cambio en la actitud que crea una distancia entre usted y el Sujeto.

Considere la oportunidad del momento y la prioridad. Pregunte primero las preguntas menos ansiosas y amenazadoras.

Sea sistemático. Piense en el esfuerzo al recolectar información como un juego de egos. Cada pregunta que usted plantea es otro. Seleccione su pregunta /maniobra cuidadosamente y siempre mantenga el mayor cuadro en mente. No hay bala de plata para obtener las respuestas que usted quiere, pero si usted sistemáticamente aborda el asunto desde una variedad de ángulos y acercamientos usted tiene mejor probabilidad de obtener más de la información que usted quiere. Al mismo tiempo, como en cualquier juego de egos, observe las maniobras de sus adversarios y asegúrese de que usted no está siendo asociado en un tema que se desvía demasiado lejos de su meta. Usted hace el primer movimiento y fija una cierta cantidad de reglas, entonces asegúrese de planear e implementar cuidadosamente su estrategia.

## Dirigiendo la Entrevista

Sería bueno si pudiésemos identificar una foto del cuarto de entrevista ideal (un lugar tranquilo agradable ...)

El punto principal de una entrevista que producirá la información más confiable es una evaluación efectiva y continua del Sujeto y el ambiente a su alrededor. Al evaluar estos factores los siguientes son claves.

- Privacidad es importante.

La privacidad es clave para el éxito de cualquier entrevista.

- Al comienzo, no tome muchas notas hasta que el entendimiento mutuo es establecido.
- Esté preparado para sacar apuntes.
- Evalúe el comportamiento.

Es importante que usted evalúe el comportamiento del Sujeto, como también que usted evite proveer cualquier información al mismo intercambiando la posición del cuerpo, viéndose excesivamente interesado en un asunto en particular, o escribiendo más notas cuando información valiosa están siendo suministrada. Recuerde, la tarea es producir información. Asegúrese de registrar la apariencia del Sujeto, la manera en que se comporta, como se viste, si usa joyas, etc.

**Resumen de la Entrevista**

El propósito de la entrevista es recoger información precisa y fidedigna que fomentará la seguridad de nuestra nación y a las personas que le servimos. ¿Cómo convence usted a alguien de proveer información que no es de su interés? Es siempre importante emplear un acercamiento estratégico para conseguir información. Usted debería familiarizarse con los tipos de pregunta que usted tiene a su disposición y saber cuándo y por qué usted los debería usar.

Recuerde la importancia de un interrogatorio efectivo al producir información.

Usted tendría que hacer la misma pregunta de diferentes formas para asegurar que usted entiende la respuesta del Sujeto. Usted necesita saber cuándo, cómo, y por qué repetir preguntas correctamente para preparar la entrevista.

Pregunte el:
¿Quién?
¿Qué?
¿Cuándo?
¿Dónde?
¿Por qué?
En resumen, el proceso de hacer preguntas y saber por

qué las hacemos es primordial. Comprendiendo quién, qué, cuándo, dónde, y por qué son partes importantes al recoger información fidedigna y precisa. Algunas veces al hacer preguntas detalladas acerca de cada elemento podría parecer tedioso pero es necesario. Usted puede encontrarse haciendo 10 preguntas para obtener la respuesta necesaria del sujeto aun si una o dos hubieran sido suficientes.

# Capítulo 4 Entendimiento Mutuo

Establecer el entendimiento mutuo es indispensable para dirigir una entrevista exitosa pues así la información provendrá de la relación que el entendimiento mutuo establece entre el entrevistador y su Sujeto.

Establecer el entendimiento mutuo podría no garantizar la cooperación del Sujeto con usted al suministrar información, pero fracasar al establecer el entendimiento mutuo impedirá sin duda sus esfuerzos en la búsqueda de respuesta.

El entendimiento mutuo es establecido en el primer momento que se hace el contacto visual y se forja continuamente en tanto que la interacción personal progresa.

El entendimiento mutuo es establecido mostrando paciencia, sinceridad y compasión para las personas que usted entrevista.

Al fracasar en la demostración de cualquiera de estos atributos muestra insinceridad o una falta de autocontrol.

El entendimiento mutuo puede ser desarrollado y explotado fácilmente si usted hace esfuerzos para hacerlo. En donde sea posible, le ayudaría a crear un buen entendimiento si usted primero comparte experiencias.

"¿Tuvo usted un buen viaje? Podría tranquilizarlo y comenzar a construir unos puntos de acuerdo entre los dos. Una vez establecido el entendimiento mutuo, puede perderse fácilmente. Miremos algunos de las maneras en que el entendimiento mutuo puede perderse.

- Falta de profesionalismo, incluyendo apariencia descuidada.
- Acercamiento y postura imprevista, como apoyarse contra una pared con las manos en los bolsillos o andar con los hombros caídos.
- Degradando el estatus o la profesión - de ellos o la suya.
- Comportamiento arrogante, entremetido, o crítico.
- Interrumpiendo o terminando oraciones. Al contrario, el Entrevistador debería ser un oyente activo.
- Cambiando el tema bruscamente. El Entrevistador en lugar de eso debería usar transiciones para introducir el siguiente tema.
- Hablando directamente a un hombre del Oriente Medio acerca de su esposa o las hijas.
- y, yendo por " la yugular." La sutileza es la llave para el éxito al establecer entendimiento mutuo.

**Haciendo el Contacto Inicial**

Al hacer contacto inicial con una fuente, preséntese y haga una pregunta simple o realice una declaración simple para confirmar los nombres del Sujeto, sospechoso o testigo, hay preguntas iniciales que un Entrevistador debería disponerse a preguntar que podrían enriquecer su introducción con el Sujeto, tales como:

- ¿Cómo estuvo su viaje hoy?
- Cómo estuvo su vuelo?
- Hay algo que puedo hacer para hacerlo sentir más cómodo?

Después de la introducción, haga una pregunta simple o haga una declaración sencilla para confirmar los nombres del Sujeto, tales como:

- Por favor confirme su nombre legal completo.
- ¿Qué otros nombres ha usado usted?
- ¿Puede escribirlo?

Confirme el nombre legal completo de la persona y la forma preferida para ser pronunciado. También, pregúnteles qué otros nombres han usado. Si es conveniente, pida al individuo que escriba su nombre. Tener la ortografía correcta es muy importante. No lo deje al azar.

Use la información prevista al realizar preguntas de seguimiento. Escuche y use la información prevista en las respuestas para hacer preguntas de seguimiento. Ahora usted se dispone a introducir la fase de respuesta de su interrogatorio.

Busque cosas en común, pero tenga cuidado al suministrar demasiada información personal acerca de usted mismo y o su familia.

Siempre conserve los elementos de información que usted intenta conseguir en su mente.

- "Oh, yo también tengo dos hijos… "
- "Yo crecí en el medio oeste también."

Un Oficial/Agente trae a un Sujeto del sudeste asiático a un cuarto de entrevista y sale sin decir una palabra. El Oficial/Agente regresa después de haberse ido por un período de tiempo extendido.

El Sujeto, un hombre Pakistaní, da la apariencia de estar alarmado y casi asustado, y su voz se quiebra por miedo.

**Cuáles Son Sus Preguntas Para Obtener Información de Este Entrevistado?**

Usando el escenario anterior, lea las preguntas a continuación, y seleccione la pregunta que usted considera correcta.

**Pregunta 1** - Está Bien, cuál es tu nombre, cuál es su edad, y cuál es su fecha y lugar de nacimiento. ¿Oh, a propósito dónde vive usted?

**Pregunta 2** - Buenos días Mr. Muhammad matutino, yo soy el Oficial/Agente Jones; Tengo algunas preguntas que necesito hacerle como parte de esta investigación.

**Pregunta 3** - Usted se ve nervioso. ¿Por qué se ve usted tan nervioso?

**Pregunta 4** - Antes de que usted se siente por favor vacíe sus bolsillos y déjeme ver alguna forma de identificación.

Si usted seleccionó la Pregunta 2, usted está en lo correcto.

**Consejo útil:** Si usted tiene un Sujeto nervioso, usted debería esforzarse para calmar a la persona y explicar por qué está siendo detenido antes de precipitarse en sus preguntas.

Ahora, examinemos algunos ejemplos de cómo se puede danar entendimiento mutuo.

**Escenario 1: Perjudicando el Entendimiento Mutuo**

En esta escenario, un Entrevistador introduce un Sujeto en un cuarto de entrevista y lo deja allí sin decir palabra por mucho tiempo. Quince minutos más tarde el oficial regresa.

Lea e identifique lo que el Entrevistador hace para perder el buen entendimiento. El Entrevistador muestra poca emoción y aparece casi estoico. El Entrevistador hace preguntas rápidas.

***Oficial:*** Listo, comencemos, ¿Cuál es su nombre, edad, fecha y lugar de nacimiento, y su dirección?

El Sujeto da la apariencia de estar alterado y disgustado pero contesta las preguntas.

***Sujeto:*** Mi nombre es Samira, tengo 34 años de edad.

Soy Egipcia por nacimiento pero vivo aquí en el Estados Unidos. Soy un Residente Legal. Por favor dígame por qué me ha detenido y por qué está siendo tan rudo.

**¿Qué salió mal?**

¿Qué piensa usted salió mal aquí? ¿Estuvo el Sujeto demasiado defensivo? ¿Fue el oficial demasiado formal?

Lea debajo y vea qué tiene que decir Samira acera de la entrevista.

***Sujeto:*** Pues bien, en mi cultura, usted nunca sería tan rudo como este oficial. Aunque, parece que él sólo esta cumpliendo con su trabajo, yo me ofendí por su conducta, él no me está diciendo por qué me había detenido, sus modales abruptos y su estilo rápido de interrogatorio. Habría sido mejor si él hubiera reconocido mi nerviosismo y hubiera intentado apaciguarme comenzando con una conversación diseñada para establecer un buen entendi-miento antes de precipitarse directamente con sus preguntas.

**Restableciendo Entendimiento Mutuo**

Ahora que usted ha aprendido lo que el oficial hizo para ofender a Samira, veamos si él puede comenzar de nuevo con un esfuerzo para establecer entendimiento mutuo.

Esta vez el oficial está sentado en posición vertical y mirando atentamente a Samira. El oficial muestra emoción manifestando una preocupación sincera. *Oficial:* Soy

Officer Jones y tengo algunas preguntas que necesito hacerle como parte de nuestro proceso de inspección. ¿Antes de que comencemos, hay algo que pueda conseguirle para que usted se sienta más cómodo?"

***Sujeto:*** No, gracias.

***Oficial:*** Necesito comprobar algunos registros pero yo regresaré en pocos minutos. (El oficial regresa) Lo siento por el retraso, ahora comencemos. Necesito su nombre completo, su fecha y lugar de nacimiento y su dirección actual para nuestros registros. Sentimos mucho incomodarle a usted pero esto es parte del proceso de inspección rutinario.

## Escenario 2: Perjudicando el Entendimiento Mutuo

En esta escenario, un oficial entrevista a un hombre del Oriente Medio que entra en un Puerto de Entrada Estadounidense. Otra vez, lea cómo manejó el oficial la entrevista e identifique lo que el Entrevistador hace para perder entendimiento mutuo.

El oficial parece muy impaciente. El Entrevistador muestra su impaciencia al hacer preguntas muy rápidas y mirando constantemente su reloj. El oficial pregunta al Sujeto, un hombre del Oriente Medio, las siguientes preguntas.

***Oficial:*** ¿De dónde viene usted hoy y a dónde viaja y son éstas todas sus maletas?

El hombre que parece frustrado y molesto frunce el ceño y permanece en silencio.

## ¿Qué salió mal?

¿Qué piensa usted que salió mal aquí? ¿Fue demasiado rápido el Oficial Jones al principio haciendo su interrogatorio antes de establecer entendimiento mutuo? Debería El oficial haber reconocido que el Sujeto no se sentía cómodo con su estilo de interrogación rápido? Lea a continuación los comentarios del Sujeto acerca del trato del Officer Jones.

## Restableciendo Entendimiento Mutuo:

En mi cultura, a usted no le gustaría comenzar a hacer preguntas de la manera tan rápida y brusca como lo hace el Oficial Jones. Sería percibido como descortés. Habría sido mejor si el oficial hubiera establecido algún tipo de entendimiento mutuo.

Ahora, usted ha leído lo que el oficial hizo para ofender al Sujeto, veamos si él puede comenzar de nuevo con un esfuerzo para establecer entendimiento mutuo.

Esta vez el Oficial Jones es amigable y toma su tiempo para tranquilizar al Sujeto antes de lanzarse a la preguntas.

*Oficial:* Hola. Mi nombre es Oficial Jones. ¿Puedo ver su pasaporte, su boleto y su tarjeta de declaración?

*Sujeto:* Sí.

*Oficial:* La razón por la que le detuve hoy es parte del proceso de inspección rutinario. ¿De dónde viene hoy?

**Sujeto:** Egipto.

***Oficial:*** ¿Y, a dónde viaja usted?
***Sujeto:*** Washington, DC : ¿Son éstas todas sus maletas?
***Sujeto:*** Sí.

**Escenario 3: Perjudicando el Entendimiento Mutuo**

En esta escenario, un Entrevistador se acerca a un hombre del Oriente Medio y a algunos que parecen ser miembros de su familia. Ahora, leamos el escenario e identifiquemos lo que el Entrevistador hace aquí para perder el buen entendimiento.

En este escenario, el Entrevistador (un oficial de policía) se aproxima a un Sujeto (un hombre del Oriente Medio) y a varias mujeres del Oriente Medio.
mostrando poca emoción o cuidado, el oficial de policía se acerca al Sujeto y le pregunta lo siguiente:

***Oficial:*** ¿Es esa su madre?

***Sujeto:*** (con incredulidad aparente y dando la apariencia de estar agitado) sí.

***Oficial:*** ¿Tiene usted hermanas o hermanos?

***Sujeto:*** Sí.

***Oficial:*** ¿Son estas sus hermanas?
***Sujeto:*** ¿(Alzando su voz, con ceño en su cara) Por qué es tan importante para usted? ¿Por qué haría usted tales preguntas personales?

## ¿Qué salió mal?

¿Qué salió mal aquí en este escenario? ¿Fueron las preguntas del Oficial demasiado personales? ¿Cometió él un error cultural? Lea lo que el Sujeto tiene que decir acerca de la entrevista.

## Restableciendo Entendimiento Mutuo:

El Sujeto fue ofendido por las preguntas minuciosas acerca de su familia. Salió a la vista en su comportamiento verbal y no verbal. En mi cultura, la familia de uno debe estar protegida a todo costo en particular los miembros femeninos de la familia. Sin decirme específicamente por qué el oficial necesitó información de los miembros de mi familia, yo me resistiría a contestar sus preguntas. En el futuro, el Oficial Jones debería ser consciente que él está tratando con otra cultura y debería comprender que en la cultura del Oriente Medio, y específicamente la cultura musulmana, para la mayor parte, él encontrará alguna resistencia cuando las preguntas son hechas acerca de nuestras familias sin una explicación apropiada.

Si usted sabe que el Sujeto viaja con alguien, pero no ha mencionado específicamente a esa persona, a usted no le gustaría hacer inicialmente preguntas cerradas-abiertas.

¿Puede el Oficial Jones desquitarse? Leamos para enterarnos.

Esta vez el Oficial Jones es amigable lo que pone al Sujeto más a gusto. El oficial Jones hace una pregunta abierta.

*Oficial:* ¿Cuénteme sobre su familia?

*Sujeto:* Sí, soy casado y tengo a dos hijos y dos hijas.

*Oficial:* ¿Viaja usted con miembros familiares hoy?

*Sujeto:* Sí, mi esposa y mi hermana.

*Oficial:* ¿Hay algunos otros miembros familiares viajando con usted hoy?

*Sujeto:* Sí, mi suegra.

**Escenario 4: Perjudicando el Entendimiento Mutuo**

El oficial Jones es listo y está adiestrado en técnicas de interrogación. El está entrenado para confrontar a alguien cuando él cree que miente, pero no está necesariamente familiarizado en el arte de colección de información. Estas técnicas implican usar las emociones del Sujeto, los valores, y las auto-percepciones para obtener información clave.

Los siguientes escenarios proveen ejemplos adicionales de situaciones dónde el Oficial Jones pierde el entendimiento mutuo con un Sujeto seguido por el aporte del Sujeto en por qué el entendimiento mutuo fue dañado y qué pudo hacerse para establecer y mantener el buen entendimiento al colectar información.

El Oficial Jones directamente enfrenta a el Sujeto, un hombre del Oriente Medio.

*Oficial:* Usted sabe que no creo que usted esté aquí de vacaciones. Puede usted explicarme por qué tiene el calendario, los mapas y la información de vuelo en su maleta?"

***Sujeto:*** Obviamente emocional, su voz tiembla al responder, "le dije que estoy aquí para visitar a mi hermano. El calendario lo usare para planear mi viaje y ver los lugares interesantes que he marcado en el mapa."

El intercambio se pone más acalorado en tanto el Oficial Jones continúa su confrontamiento.

***Oficial:*** Pues bien, usted no conoce la dirección de su hermano o número de teléfono. ¡ Pienso que usted me está mintiendo!"

***Sujeto:*** No le miento. ¿Por qué usted me diría algo así?

***Oficial:*** Por favor díganos la verdad (el Oficial Jones se acerca al Sujeto y toca su brazo). Hemos visto muchos casos como el suyo, donde las jóvenes personas inocentes como usted reciben instrucciones para hacer malas cosas para malas personas.

## ¿Qué salió mal?

¿Estuvo el Oficial Jones demasiado formal en sus deberes? ¿Estableció él entendimiento mutuo con El sujeto? ¿Consideró él sensibilidades culturales? ¿Qué tal él tocando al Sujeto? ¿Fue apropiado eso? Obtengamos la apreciación del Sujeto.

En mi cultura, la confrontación directa no es siempre la más conveniente. Típicamente, el comportamiento agresivo, el enfrentamiento y las amenazas no son bien aceptados por personas del Oriente Medio. Como un hombre educado, habría sido mejor si el oficial mostrase algún interés genuino en mí y los errores que podría haber hecho.

## Restableciendo el Entendimiento Mutuo

Ahora que tenemos una apreciación más profunda en las sensibilidades culturales y las formas para establecer entendimiento mutuo, veamos cómo el oficial Jones maneja la situación esta vez.

En un tono de voz bajo, más lento, y estable, el Oficial Jones aconseja al Sujeto lo siguiente:

**Oficial**: "Es claro que usted tiene información que usted no comparte conmigo. Tendremos que discutir sus experiencias antes de que podamos proceder."

## Resumen de Entendimiento Mutuo

En resumen, el entendimiento mutuo debe ser establecido para transmitir una entrevista exitosa y obtener exitosamente información. Estableciendo un buen entendimiento podría no garantizar que usted desarrolle información creíble pero la ausencia de entendimiento mutuo ciertamente impedirá sus esfuerzos. Tal como fue demostrado el entendimiento mutuo, es establecido mostrando paciencia y sinceridad. Si se falla al utilizar estos atributos conducirá probablemente al fracaso. También es importante saber cuándo el entendimiento mutuo ha sido establecido para adelantarse con la entrevista. Gastando demasiado tiempo estableciendo el buen entendimiento haciéndose demasiado amigable y suministrando información personal acerca de usted mismo puede ser una pérdida de tiempo y ser improductivos.

# Capítulo 5 Obtención de Respuestas

No hay recetas a prueba de tontos para detectar el engaño y obtener información, sin embargo, la información es la mejor defensa, así como también el arma más viable al resolver cualquier conflicto, sin ser el terrorismo una excepción.

El viaje que estamos a punto de tomar es diseñado para dar a los oficiales de ejecución de la ley, de inteligencia, y otros con necesidad de recoger información creíble y fidedigna, las herramientas necesarias para mejorar su habilidad para recopilar información válida y la basada en hechos.

El objetivo final es proteger al público Americano en contra de terroristas y los instrumentos de terror.

El foco aquí para el entrevistador es comprender la diferencia entre obtener una confesión y la colección de información. Comprender la diferencia requiere un cambio de paradigma para algunos; La confesión contra la respuesta. A la mayoría de nosotros se nos ha enseñado que las confesiones están motivadas por miedo, y las consecuencias y algunas veces el uso de técnicas duras como la intimidación y las amenazas pueden dar como resultado confesiones poco confiables o ficticias.

Suministrar al Sujeto una explicación de su crimen es la clave para obtener una confesión.

El cambio de paradigma implica motivar al Sujeto a facilitar información desarrollando una relación o vínculo con el entrevistador. El uso de técnicas "suaves" a menudo produce más información. La información es desarrollada usando las emociones del Sujeto, los valores, y las auto-percepciones como motivadores para aportar información relacionado con el asunto en cuestión.

Obtener respuesta es una forma de arte planeada para extraer información de una persona sutilmente en una forma que se asemeja a una conversación social.

***Oficial:*** A continuación, el oficial empieza las entrevistas estableciendo entendimiento mutuo con el Sujeto. Simplemente explicando lo que está ocurriendo y lo que se espera puede ser suficiente para establecer el tono para preguntar. El entrevistador tiene el mando.

***Sujeto 5,*** yo soy el Oficial Jones, tengo algunas preguntas que necesito hacerle como parte de nuestro proceso de inspección. Antes de que comencemos, hay algo que le pueda conseguir?

***Sujeto 5:***

No, gracias.

***Oficial:***

Necesito preguntarle acerca de su estatus en los Estados Unidos. Puede usted…

## Resumen de Respuesta

En resumen, la obtención de respuesta implica establecer una relación con el Sujeto y el uso de técnicas suaves. Esta combinación tiene mejor probabilidad de producir más información. Usando las emociones del Sujeto, los valores, y las propia percepciones es la llave para obtener información creíble y fidedigna.

# Capítulo 6 El Arte de la Pregunta

Como se menciona en los capítulos previos, la meta principal de la entrevista es producir como respuesta información veraz y pertinente, no para obtener una confesión de culpabilidad. Usted debería esforzarse para conseguir al sospechoso, testigo, víctima, o fuente hablando y mantenerlo hablando usando las preguntas apropiadas.

Nosotros coleccionamos información de esta manera extrayéndola sutilmente durante lo que parece ser una conversación casual. Mientras más cercana ésta actividad parezca ser conversacional por naturaleza, mejor sus oportunidades de colectar información de una forma poco amenazadora. Éste es el arte de la pregunta.

Entienda que en algunas situaciones, usted puede saber las respuestas o puede pensar que usted tiene información actual. Haciendo estas preguntas puede proveer una oportunidad para obtener información actualizada, establecer un punto de partida haciendo preguntas poco amenazadoras o identificando respuestas potenciales verbales o no verbales. Cada pregunta debería tener una razón para pedirse. Al hacerle a una persona una pregunta, mantenga los siguientes tipos de información en mente para mantener su línea de interrogatorio en la mira:

- Nombres, Dirección, Números de Teléfono, y relación con:

  Compañeros De Cuarto, Amigos, y Parientes

  Contactos

  Socios

- Nacionalidad y Lugar de Nacimiento
- Lesiones o Incapacidades
- Viajes Recientes
- Finanzas
- Ocupación, Entrenamiento, Asociaciones Profesionales, y las áreas de Experiencia Especialmente Con Conexiones Posibles Armas de Efecto Masivo (WME)/Armas de Destrucción Masiva (WMD)

**¿Hay un intento hostil?**

Al aceptar el papel de "Colector de Inteligencia/ información," usted siempre encontrará información que pueda ser útil y aplicarla a alguien que necesite información ya sea para personas en altos rangos o los que trabajan en el terreno.

Durante las etapas previas de su "conversación" usted debería buscar el obtener como respuesta información biográfica acerca de su Sujeto, para incluir su nombre legal completo; Otros nombres que ellos hayan podido usar; Y su dirección actual.

Si el Sujeto tiene un acompañante, tiene compañeros de cuarto o socios, usted debería también conseguir tanta información como usted pueda acerca de estas personas. Al hacer esto, busque determinar la naturaleza de la relación que su Sujeto tiene con la persona en cuestión.

Si el Sujeto tiene un entrenamiento especial ocupacional o profesional, discuta sus credenciales académicas y profesionales, en particular si las credenciales son del área científica con exposición a tecnología nuclear o biológica.

Recuerde, su meta es conseguir información significativa en una manera no acusatoria y determinar algún intento hostil.

Desarrollar preguntas es una forma de arte que requiere paciencia, persistencia, y flexibilidad. Al elaborar cuidadosamente los varios tipos de preguntas que usted tiene a su disposición, usted estará capacitado para lograr aun que personas altamente motivadas en engañar hablen sobre áreas de su interés. Una vez esto ocurre, usted puede ajustar los debates para cosechar información que usted sabe son críticos para la investigación en trámite. Como se demuestra en el siguiente escenario:

***Oficial:***

¿De dónde viene usted hoy?

***Sujeto 6:***

Egipto.

***Oficial:***

¿Y a dónde viaja usted?

***Sujeto 6:***

Washington, DC:

***Oficial***

¿ Y a quién visita?

***Sujeto 6:***

Al señor Abdel Malak, quien es mi primo.

*El Oficial hace una averiguación de datos en el computador. Bajo él está la anotación:*

***La averiguación indica que la dirección que el pasajero entró en sus documentos de viaje se encuentra registrado a otro caballero Abdel Malak, quien tiene un registro TIDE por financiamiento terrorista.***

*Oficial:*

¿Además de su primo, quién más vive en esa dirección?

Estructurando y empleando sus preguntas efectivamente para obtener información es tan importante como tener una buena estrategia de entrevista. Saber por qué hacemos ciertos tipos de pregunta de una manera particular es de capital importancia así como cada tipo de pregunta tiene un propósito particular. Requiriendo muchas preguntas de un Sujeto puede parecer tedioso, pero es necesario para entender completamente Quién, Qué, Cuándo, Dónde, Cómo, y Por Qué de la situación en trámite. Esto es imprescindible para recoger información fidedigna y precisa.

## PREGUNTAS CERRADAS

Las preguntas cerradas son preguntas usadas para obtener una repuesta directa. Aquí hay algunas formas en las que las preguntas cerradas son usadas en una entrevista:

***Oficial:***
La razón por la que le detuve hoy es parte del proceso de inspección de rutina. ¿De dónde viene usted hoy?
***Sujeto 7:***
Egipto.
***Oficial:***
¿Y a dónde viaja usted?
***Sujeto 7:***
Washington, DC
***Oficial:***
¿Son éstas sus maletas?
***Sujeto 7:***
Sí.

## PREGUNTAS ABIERTAS

Las preguntas abiertas son diseñadas para obtener una respuesta descriptiva con el fin de tener a la persona hablando y mantenerlo hablando. Las preguntas abiertas deberían ocuparse de un asunto específico y no deberían ser excesivamente amplias o de gran alcance.

hay algunos ejemplos de preguntas abiertas:

**Oficial:**

¿Podría usted contarme acerca de su familia?

**Sujeto 8:**

Sí, soy casado y tengo dos hijos y dos hijas.

**Oficial:**

Sujeto 8, nosotros estamos investigando el ataque frustrado con gas Sarin en un crucero. ¿Qué conocimiento tiene usted de este hecho?

**Sujeto 8:**

¿Oficial, por qué diría usted que yo estaba involucrado?

PREGUNTAS ESPECULATIVAS

Las preguntas especulativas se usan para obtener información incluyendo una presunción no mencionada en la pregunta. Una pregunta especulativa debe basarse en dos o más hechos conocidos de los cuales se pueda sacar una conclusión razonable. Estos tipos de preguntas permiten al Sujeto "aceptar " o " confirmar " información de una manera positiva que él cree que usted ya sabe. Esto le permite al Sujeto cubrir las apariencias y le deja saber que usted no encuentra objetable lo que él ha confesado.

Aquí hay algunos ejemplos de preguntas especulativas y cómo podrían ser usados:

* Cuál fue su participación en el ataque al crucero?

* Por qué escenificaron usted y Ali el ataque del gas sarín en el crucero?

*¿Que sucedió anoche?

**Escenario 9: La Formulación de Pregunta**

Un Oficial ha detenido un vehículo que fue detectado viajando a alta velocidad. El oficial pidió el permiso de conducir del sujeto y el registro del vehículo. Al solicitar un chequeo de datos sobre los documentos del sujeto, la averiguación subsiguiente señala que Abdel Malak vive en la dirección indicada en el registro del vehículo del Sujeto y que Malak tiene un historial TIDE (Terrorist Identities Data Mart Environment) por financiamiento terrorista. El chequeo al NCIC (National Crime Information Center) también atribuye una anotación "Detener e interrogar " en el registro del Sujeto. El Sujeto es transportado a la comisaría donde seguidamente es interrogado.

Formule una serie de preguntas diseñadas para obtener información acerca de la relación del Sujeto 9 con Malak.

***Oficial:***

Sujeto 9, yo soy el Oficial Jones. Siento mucho tener que detenerlo pero usted conducía imprudentemente y por eso, tengo que hacerle algunas preguntas. ¿Hay algo que le pueda conseguir antes de que empecemos a hablar?

***Sujeto 9:***

¿No Oficial Jones, cómo le puedo ayudar? ¿Qué hice mal?

***Oficial:***

Su licencia de conducir señala que usted vive en 147 Laurel Ave. ¿Es esa su dirección correcta?

***Sujeto 9:***

Sí Oficial. He vivido allí cerca de dos años.

***Oficial:***

¿Antes de llegar a Laurel Ave. dónde vivió usted?

***Sujeto 9:***

Soy originalmente de Siria, pero vine a Estados Unidos hace como cinco años atrás inicialmente viví en Florida. Llegué a la dirección Laurel Ave. para conseguir un empleo en el aeropuerto local.

***Oficial:***

¿Qué hace usted en el aeropuerto?

***Sujeto 9:***

Soy un manipulador del maletas en una aerolínea local.

***Oficial:***

Ese debe ser un trabajo duro al ser el turismo muy popular aquí en los Estados Unidos. Usted no debe tener mucho tiempo para usted.

***Sujeto 9:***

Trabajo 12 horas al día oficial, luego debo ir a casa y descansar para así poder trabajar al día siguiente.

***Oficial:***

Usted debe tener alguna manera de relajarse para librar su mente de trabajo. ¿Cómo pasa usted el tiempo cuando no está trabajando?

***Sujeto 9:***

Asisto a la mezquita en Virginia del Norte y frecuento actividades patrocinadas por la mezquita. Ésta es la única vez que consigo ver muchos de mis amigos y conocidos.

***Oficial:***

¿Cada cuánto asiste usted a la mezquita?

***Sujeto 9:***

Asisto a la mezquita todos los días después del trabajo. Yo usualmente Estoy allí para la oración vespertina después de la cual voy a casa.

***Oficial:***

¿Se une su familia a sus oraciones vespertinas?

***Sujeto 9:***

No estoy casado oficial. Algún día espero estarlo pero ese día no ha llegado.

***Oficial:***

Ésta es un área cara para que un joven soltero habite. La mayoría de la gente tendría que tener a un compañero de cuarto para ayudar con el alquiler. ¿Quiénes son sus compañeros de cuarto Sujeto9?

***Sujeto 9:***

Tengo sólo a un compañero de cuarto. Él es Abdel Malak. Le he conocido desde que me mudé aquí.

***Oficial:***

¿Cómo describiría usted su relación con Mr. Malak?

***Sujeto 9:***

La describiría como buena. Él ocasionalmente va a la mezquita conmigo y nosotros a menudo comemos juntos.

Yo lo consideraría mi amigo.

*Oficial:*

Cuénteme un poco acerca de Malak.

**Ejercicio 1.**

Identifique cada pregunta listada abajo como cerrada, abierta o especulativa.

1. *Oficial:* Sujeto 9, yo soy el Oficial Jones. Siento mucho tener que arrestarlo pero usted conducía imprudentemente y por eso, tengo que hacerle unas preguntas. ¿Hay algo que le pueda conseguir antes de que empecemos a hablar?
2. *Oficial:* Su licencia de conducir señala que usted vive en 147 Laurel Ave. Es esa su dirección correcta?
3. *Oficial:* ¿Antes de llegar a Main Street, dónde vivió usted?
4. *Oficial:* ¿Qué hace usted en el aeropuerto?
5. *Oficial:* Ese debe ser un trabajo duro al ser el turismo muy popular aquí en los Estados Unidos. Usted no debe tener mucho tiempo para usted.
6. *Oficial:* Usted debe tener alguna forma de relajación para librar su mente del trabajo. ¿Cómo pasa usted el tiempo cuando no está trabajando?
7. *Oficial:* ¿Cada cuánto asiste usted a la mezquita?
8. *Oficial:* ¿Se une a usted su familia en las oraciones vespertinas?

9. ***Oficial:*** Ésta es un área cara para que un joven soltero habite. La mayoría de la gente tendría que tener a un compañero de cuarto para ayudar con el alquiler. Quienes son sus compañeros de cuarto Sujeto 9?
10. ***Oficial:*** Cómo describiría usted su relación con El señor Malak?
11. ***Oficial:*** Cuénteme un poco acerca de Malak.

Las respuestas correctas se encuentran enumeradas debajo.

- Preguntas cerradas: 1, 2, 3, 4, 5, 7 y 8
- Preguntas abiertas: 6, 10 y 11
- Preguntas especulativas: 9

Usando información, escenarios, ejemplos, y ejercicios hasta ahora, esperanzadamente, usted ha podido pulir su técnicas de entrevista, agudizar su habilidad para detectar una mentira e identificar y comprender la importancia de la historia y la cultura y cómo puede afectar a su trabajo cuando usted involucra con alguien de un país diferente con ideas, creencias, normas y tradiciones diferentes de la suya.

Para repasar, una pregunta cerrada es la usada para obtener una repuesta directa. Una pregunta abierta es una pregunta diseñada para poner a la persona a hablar. Generalmente demanda una respuesta narrativa. No debería ser excesivamente amplia o de gran alcance; Una pregunta especulativa es la usada para obtener información agregándole una presunción (no indicada en la entrevista) a la pregunta. Son diseñados para dejar que la fuente o el Sujeto crean que usted tiene información crucial de la que él o ella no se han dado cuenta y le permite a él o ella "confirmar" esta información para usted a través del uso de una pregunta especulativa. Las preguntas especulativas se basan generalmente en dos o más hechos conocidos de los cuales usted puede provocar una conclusión razonable.

El escenario(s) siguiente ofrece una ventana para entrevistar individuos de una variedad de trasfondos. No tiene como propósito ser completo. La mejor forma para volverse efectivo al entrevistar individuos desde trasfondos diferentes es convertirse en un estudiante de cultura.

**Escenario 10:**

**Información de fondo:**

El Sujeto (un varón pakistaní de 37 años de edad que viste ropa informal) fue detenido e interrogado por la seguridad de la estación del tren después de que él estaba actuando sospechosamente. Al ser abordado por los oficiales él dio la apariencia de estar nervioso y algo defensivo al hablarle a los oficiales. Mientras el Sujeto lleva un Pasaporte Estadounidense, él afirma haber vivido en Pakistán para los últimos cinco años. Él está aquí para desarrollar un negocio de textiles/ropa con varios revendedores americanos. Él manifiesta que él ha estado trabajando en la industria textil en Pakistán. Recientemente, Estados Unidos ha concedido una cuota más alta para la importación de tejidos para Pakistán, él está aquí para explotar esta política y su conocimiento del "Sistema Americano ".

El sujeto se describe a sí mismo como el vice-presidente de ventas internacionales para K Textiles Industries Ltd. Esta organización tiene ubicaciones diversas dentro de Pakistán así como también en el Medio Oriente donde hay un mercado y demanda alta para los productos textileros. El Sujeto admite haber viajado a el Medio Oriente en varias ocasiones en torno a asuntos de negocios. No hay entradas en su pasaporte estadounidense indicando esas visitas.

El Sujeto explica que él también tiene un pasaporte pakistaní pues la doble ciudadanía es reconocida entre los dos países. Él usa el pasaporte pakistaní cuando él viaja en el Medio Oriente por razones de seguridad. Como un americano y un ejecutivo, él sería un blanco fácil para sus enemigos. Él no tiene su pasaporte pakistaní con él. Al ser interrogado, el Sujeto manifiesta que él reside con un pariente en los Estados Unidos pues él se reúne con sus colegas en los Estados Unidos.

Al solicitar una verificación de datos sobre los documentos del Sujeto y de sus parientes, el NCIC examina la similitud que fue encontrada del Sujeto y su familiar Daoud SAEED con una autorización del NCIC por estupefacientes y lavado de dinero. Una averiguación sobre el domicilio de SAEED señaló que alguien con el nombre de Susan MATHEWS vivió en esa dirección y tiene un registro TIDE sin fecha de nacimiento u otra información biográfica. El registro TIDE es por posible asociación con financiamiento terrorista. No hay otra información despectiva. El NCIC también le atribuye una anotación de "Detener e interrogar" al registro de SAEED y MATEO.

El Sujeto explica que él vivió en los Estados Unidos por quince años antes de mudarse a Pakistán. Él atendió a la universidad G M en Virginia donde él obtuvo su Maestría en Administración de Empresas. Él regresó a Pakistán después de que se le hiciera una oferta importante. Él espera usar sus habilidades para establecer relaciones comerciales con compañías de los Estados Unidos.

Seleccione tres puntos comunes que usted podría utilizar para establecer su entendimiento mutuo /conversaciones con el Sujeto.

1. La educación del Sujeto
2. La religión del Sujeto
3. El empleo del Sujeto
4. La familia del Sujeto
5. Los logros del Sujeto
6. Las afiliaciones políticas del Sujeto

**Ejercicio 2.**

Usando los antecedentes en el escenario de arriba y aplicando lo que usted ha aprendido hasta ahora, identifique a tres puntos comunes que usted utilizaría para establecer entendimiento mutuo.

**Oficial:**
**Sujeto 10:**

Soy el Oficial Jones. Siento mucho tener que arrestarlo pero por su comportamiento sospechoso y la llamada de ayuda de la oficina de seguridad de la estación necesitamos coleccionar alguna información biográfica adicional.

*Sujeto 10:*

¿Cuál comportamiento sospechoso? Yo solo estoy un poco molesto con mi primo y tal vez le expresé mi rabia un poco fuerte, pero no pienso que eso sea un crimen Oficial.

*Oficial:*

¿Yo comprendo Sujeto 10, pero nos podría colaborar para ayudarle a usted y reunir una pequeña información adicional acerca de usted señor?

*Sujeto 10:*

¿Qué necesita saber de mí Oficial?

*Oficial:*

Pues bien, podría decirme quién es este primo que usted está tratando de localizar y le ha disgustado tanto.

*Sujeto 10:*

Pues bien, el nombre de mi primo es Abdel Malak y él vive en la 147 Laurel Ave.

*Oficial:*

Pues bien, Sujeto 10, gracias por su cooperación. Nos disculpamos por los retrasos, pero nuestra información muestra un individuo por el nombre David SAEED en la dirección 147 Laurel Ave. Nuestra información también lista una Señora Susan SMITH en la misma dirección.

¿Podría decir usted quién es la señora SMITH y la conexión entre lo dos, o escribimos la ortografía incorrecta del nombre de su primo o la dirección?

*Sujeto 10:*

Pues bien oficial, mi primo también utiliza al primer nombre James desde que llegó a los Estados Unidos. Entonces, el nombre es el correcto David SAEED y su dirección es 147 Laurel Ave.

*Oficial:*

¿Pues bien, cuál es la relación entre el señor SAEED y señora SMITH?

*Sujeto 10:*

Pues bien oficial, David es el hijo de la hermana de mi madre, y él debería ser como un hermano para mí pero al contrario él es muy distante y ni siquiera se ofreció a recogerme en la estación del tren después de todo lo que hemos hecho por él. Susan SMITH es mi esposa. Ella es americana y ha elegido utilizar su nombre de soltera en lugar de mi nombre, Khan!

*Oficial:*

Gracias Sujeto 10, usted debe entender que algunas veces las cosas pueden ser confusas y la información incorrecta es recogida y se cometen errores. ¿Hay alguna preocupación que usted tenga que necesite decirnos relacionada con su primo o su esposa?

**Soluciones al Ejercicio 2:**

En la cultura del Sujeto, sería más fácil y poco amenazador entablar una conversación con el Sujeto 10 acerca de sus éxitos empresariales, y sus realizaciones educativas. Estas áreas de debate son generalmente menos amenazadoras y permitirían a casi a cualquiera la oportunidad de buscar puntos comunes que le ayudarían al Sujeto a bajar sus defensas y barreras que la gente tiende a mostrar cuándo encubren información por razones diversas.

**Las respuestas correctas son 1, 3, y 5.**

Consejo útil: En la cultura del Sujeto, sería descortés hablar directamente de la religión del Sujeto desde que no fue un punto de debate durante la entrevista. En segundo lugar, en la cultura del Sujeto no sería considerado cortés cuestionar a alguien directamente acerca de su familia inmediata. Y, si hay dos cosas para evitar en cualquier ambiente de entrevista sería política y religión a menos que el Sujeto elija ocuparse de estos temas. Pero recuerde, estos dos temas son tan controver-siales que el potencial de perder el entendimiento mutuo es algunas veces grande.

**Resumen**

En resumen, los elementos más importantes para recordar al dirigir una entrevista son que el Arte de la Respuesta es la extracción sutil de información durante una conversación, y el Arte de la Pregunta requiere paciencia y flexibilidad. La clave para el verdadero creyente altamente motivado es conseguir que él o ella hablen acerca de cualquier cosa al principio antes de que nosotros afinemos nuestros debates para obtener esas respuestas que sabemos son cruciales.

Coleccionamos información de esta manera al extraerla sutilmente durante lo que parece ser una conversación casual. Mientras más cercana esta actividad parece ser conversacional en naturaleza, mejor son sus oportunidades de recoger información en una manera poco amenazadora. Éste es el arte de respuesta.

*" Usted entra en el teatro de la mente, construye su set y hace gran despliegue del drama. Quizá no habrá aplauso, pero su audiencia, y particularmente usted, está cautivado con la función, creyéndola un 100 por ciento."*

*- Anónimo*

# Capítulo 7 el Uso de Obtener Respuestas Basado En Entendimientos Mutuos

## Temas e Historias

Un tema o historia es una racionalización o una estrategia para convencer a una persona de proveerlo a usted con información pertinente que no necesariamente puede ser de su conveniencia. Como se ilustra abajo, un tema o historia en general:

- Sugiere una justificación o un motivo para las acciones del Sujeto.
- Comunica que el entrevistador comprende por qué el Sujeto tomaría tales acciones.
- Permite al Sujeto cubrir apariencias y aportar información.

### Fundación de un Tema o la Historia

- Al ofrecer un tema, usted debería:
- Sonar sincero, compasivo, y comprensivo.
- Mantener confianza y entendimiento mutuo.

- Usar la información y las observaciones recogidas durante la entrevista.
- Incluir información que es pertinente y creíble.
- Continuar a la escucha.
- Repetir el tema si es apropiado.

**Indicando Un Tema de Respuesta o Historia**

**Al indicar un tema usted podría:**

- Racionalizar la acción. *"Usted solo estaba tratando de hacer al mundo un mejor lugar y ahora se da cuenta. . . ."*
- Minimizar la acción. *"Usted nunca tuvo la intención de dañar a los niños y mujeres inocentes."*
- Proyectar la culpa. *"Ésta no es su idea, es simple-mente parte de la lucha."*
- Usar lenguaje de tercera persona. *"Los otros me han dicho que se han desilusionado con la causa por el daño que causó a sus familias."*
- Enfocarse en decir la verdad en contra de la acción misma. *"Lo que usted ha hecho en el pasado no es una preocupación, nosotros solo estamos interesados en llegar a la información correcta ahora."*

# Capítulo 8 Identificar y Vencer Las Contramedidas

Hay muchos pensamientos en contramedidas que guardan relación con interrogación o la obtención de información. Pueden Las contramedidas usarse eficazmente para derrotar sus esfuerzos en producir información? Si usted piensa que usted está vencido luego usted lo está. Pero en realidad, no hay respuesta definitiva para esta pregunta. La mejor forma para manejar este asunto es estar preparado, conocer su Sujeto, y creer que a cualquiera que se le de una oportunidad y una buena razón le mentirá. Esto requiere que usted practique, comprenda el comportamiento humano y sea consciente de las sensibilidades culturales. Estos esfuerzos aumentarán su habilidad para obtener información. Cuando usted está seguro y bien preparado al producir información, disminuirá la confianza de su Sujeto y reducirá la probabilidad que sus esfuerzos serán vencidos por contramedidas. ¿Qué es una contramedida? Las contramedidas pueden ser definidas como esfuerzos (físicos, o psicológicos) que su Sujeto puede usar para prevenirlo a usted de permanecer en su meta, diseñados para confundirlo para hacerle creer que le están diciendo la verdad y no escondiendo información. Estos métodos contrarrestan sus esfuerzos cuando se emplean exitosamente.

Hay numerosos libros y páginas web disponibles y accesibles a cualquiera que consulta lo que está diseñado para enseñar o entrenar a personas en cómo vencer en entrevistas e interrogaciones. Es la persona que obtiene información quién está en la mira del sujeto. El sujeto logra acceso al Entrevistador en la misma forma que el Entrevistador accede al Sujeto. El Sujeto evalúa al entrevistador y si él lo puede manipular lo hará. Al usted leer más allá en el Capítulo 10 en " Engañadores y Engañados ", usted ganará una apreciación completa de esos que deliberadamente engañaron y los métodos que utilizaron.

Errores del entrevistador común que lo hacen susceptible a las contramedidas:

- Enojándose y perdiendo el dominio de sí mismo.

El Sujeto toma el control y a menudo tentará al Entrevistador a ponerlo nervioso para obligarlo a perder el control. Una vez hecho, la contramedida tiene éxito. El Entrevistador pierde el Sujeto. El Entrevistador ha permitido al Sujeto ponerle un cebo y la entrevista o la respuesta se acaba.

Los Sujetos pueden exhibir arrogancia ofendiendo al Entrevistador deliberadamente como una contramedida.

Si el Entrevistador no está preparado, el Sujeto sabe esto y el Entrevistador pierde seguridad en sí mismo mientras el Sujeto gana confianza sabiendo que el Entrevistador no tiene idea de nada y ha perdido discrepancias o puntos importantes provistos por el sujeto durante la entrevista. Otra contramedida que un Sujeto puede utilizar es conseguir que el Entrevistador llegue a ser demasiado amistoso. Los entrevistadores necesitan mantenerse en la meta y acordarse de que es el Sujeto el que debería proveer la información y no a la inversa.

Algunas otras formas simples de contramedidas conductistas podrían ser tan simples como lo siguiente:

- Llegando tarde
- Perdiendo el tiempo durante la entrevista
- Colocando restricciones en la entrevista
- Conduciendo la discusión de la entrevista dentro de áreas irrelevantes
- Quejándose
- Atentando en contra de las implicaciones políticas, acciones legales, etc., del Entrevistador

*Los seres humanos se atraen unos a otros por su naturaleza común, pero sus hábitos y las costumbres los conservan separados.*

*Proverbio Confuciano.*

# Capítulo 9 El Impacto de la Consideración de las Culturas

Siempre he creído que las personas son más semejantes que diferentes; Son justo esas diferencias las que tenemos que comprender.

**Figura 1. Hombres pakistanís en su camino al trabajo.**

¿Qué es la cultura? "La cultura es un conjunto de creencias, valores y comportamientos aprendidos en la forma en que comparten vida los miembros de una sociedad."

(Sociedad para la Arqueología, 1996)

Como un investigador, coleccionador de inteligencia, oficial de policía o analista de negocios, usted debe comprender las culturas de mundo. Ya sea la historia y cultura de Latinoamérica, el concepto japonés del "Yo" basado en el budismo, Confucianismo y Feudalismo o el estudio del Islam, todos tenemos que tomar tiempo para estudiar.

**Entrevista con una persona del Oriente Medio**

El Oriente Medio es un área constituida por 21 países separados con países enormemente diferentes con muchas culturas y muchos aspectos que tocan sus vidas, siendo uno de ellos la religión. Como verdaderos creyentes, los musulmanes sienten que su religión (Islam) y su cultura es mejor que la de cualquier otro. Entonces, cuando un Occidental hace una pregunta, puede haber confusión, tal como cuando usted pregunta:

P: ¿Qué tal un sentido de responsabilidad personal?
R: No hay sentido de responsabilidad personal como lo aprendemos en la cultura americana. Por eso es que si usted dice a una persona del Oriente Medio, "usted lo perdió,"él dirá,"no." En parte para protegerse en contra de la acusación y en parte si él

lo perdió, es porque fue hecho para perderse, pero él personalmente, no causó que se perdiera.

P: ¿Qué tal algo tan simple como un apretón de manos, cómo saludaría usted un hombre del Oriente Medio?

R: Generalmente, si usted observa dos hombres del Oriente Medio reuniéndose, podrían darse la mano - ambas manos van a la otra persona. Luego, ambas manos pueden ir a los hombros de la persona y hay un abrazo breve o entusiasta, dependiendo qué tan bien usted conoce la otra persona. Luego usted podría dar el primer paso a besar a la otra persona o usted no lo hace.

P: ¿Por qué estrechar ambas manos?

R: Siempre ambas manos porque esto muestra que sus intenciones son pacíficas, y que no hay un puñal en la otra mano.

P: ¿Qué hay acerca de la fuerza del apretón de manos? En América un estrechón de manos firme muestra fuerza de carácter.

R: Yo diría que depende. Yo usaría menos fuerza lo que es normal en este país o si no usted podría ser visto como agresivo o rudo.

P: ¿Hay algo que usted puede hacer para establecer entendimiento mutuo entre la cultura Americana y la del Oriente Medio?

R: Siempre es bueno mencionar algunas de las contribuciones hechas por el Oriente Medio hacia la cultura Occidental. Tales contribuciones incluirían astronomía así como también geometría. Además, el sistema de numeración arábico, y las matemáticas y ciencias básicas usadas en la tecnología.

"La clave para el verdadero creyente altamente motivado es conseguir que él o ella hable acerca de cualquier cosa en un principio antes que nosotros afinemos nuestros debates para obtener esas respuestas que sabemos son cruciales."

*Fuente: El Verdadero Creyente Violento: Los Tipos Funcionales, Necesidades/Sensibilidades, y Acercamientos a la Entrevista, por Dr. J. Reid Meloy.*

Hay formas menos efectivas y más eficaces de producir información de los verdaderos creyentes altamente motivados. Estos individuos están motivados por creencias mantenidas profundamente sirviendo como un represent-ante de su dios. También pueden tratar de humillar al entrevistador como un "incrédulo" en silencio. Ellos obtienen su soporte de imágenes y creencias internas. Ellos por lo general, no necesitan conscientemente las fuentes externas de placer (el dinero, el poder, o el sexo). También usualmente practican autodisciplina y pueden no exhibir muchas emociones durante una entrevista.

Lo que es conocido es que el inquebrantable verdadero creyente responde mejor si el Entrevistador muestra sinceridad genuina.

**Entrevista con un Latinoamericano**

Latinoamérica es un área constituida por 24 diferentes países con culturas diferentes. Las diferencias culturales entre Ecuador y Argentina a solas son tan diversas como esas entre Francia y China, y estas diferencias étnicas y sociales hacen muy difícil generalizar acerca del área. No obstante, junto con la variedad en la cultura Latino-americana hay también similitudes. Aunque, no hay reglas fijas, hay algunas pautas generales para comprender la cultura latinoamericana que pueden ser de ayuda al establecer el entendimiento mutuo.

La hospitalidad es una de los puntos principales de la cultura latina. La cortesía mínima latinoamericana es decir " Hola, " estrechar manos, y preguntar acerca de la familia de uno. Cualquier cosa menos es un insulto y provoca una reacción emocional profunda; Es difícil de comunicarse eficazmente con dientes apretados.

**Figura 2. El autor en la Línea de Ecuador,Ecuador.**

Figura 3. - foto de la parte de arriba: El autor con un Indio Colorado en un pueblo en las afueras de Quito, Ecuador. Foto de abajo: Indio Colorado, Quito, Ecuador

**Figura 4. Mula de carga en la afueras de La Paz, Bolivia**

**Figura 5. M-19, símbolo terrorista en un poste callejero en Bogotá, Colombia.**

Con respecto a el lenguaje corporal, la mayoría de norteamericanos permanecen de pie con cierta distancia al hablar cara a cara, mientras el Latinoamericano está más cercano. Es una queja común entre los latinos que los norteamericanos son fríos y que se mantienen a distancia y no quieren arrimarse.

Como es similar en la cultura árabe y la del Oriente Medio, los Latinoamericanos del mismo sexo se tocan más de lo que los americanos del mismo sexo hacen. Las mujeres jóvenes sujetarán sus manos al caminar. Los hombres se saludan con un abrazo, mientras las mujeres comúnmente saludan a otra mujer con un beso ligero en la mejilla y siempre con un apretón de manos.

En la cultura latinoamericana, el apretón de manos es más suave en los Estados Unidos. El firme y , "sincero," apretón de manos es un saludo poco amistoso en Latinoamérica, mientras un apretón de manos suave desorienta a los americanos al pensar que la persona no es muy honesta y sincera.

Para el latinoamericano la inflexión de voz, los gestos, y la emoción son importantes en cualquier conversación, mientras tendemos a considerar tonos más suaves, menos tonos, y menos gestos y menos emoción como signos de un individuo equilibrado. La expresividad y la emoción al hablar están otra vez atadas con el concepto latino de individualidad y "Machismo".

El concepto de " machismo " es ampliamente conocido en los Estados Unidos, pero poco comprendido. Usualmente los Norteamericanos lo asocian solo con sexo. En Latinoamérica, es más que la "esencia del ser masculino." El punto de vista propio de los hombres es complejo, ya sea que el hombre sea alto, pequeño, flaco, feo o bien parecido. ¡Un "Machista" es confiado! Él es considerado un buen hablador elocuente y gracioso.

**Figura 6. El autor a 10,000 pies por encima del nivel del mar en La Paz, Bolivia**

Por lo que respecta al contacto visual, no hay regla general, sin embargo a algunos Latinoamericanos se les ha enseñado que es respetuoso bajar la vista, agachar los ojos, cuando esten con alguien de autoridad. Para la mayoría de occidentales, esto puede verse "deshonesto" pero la mayoría no se percatan que hay un patrón cultural de respeto en operación.

Al final, el Latinoamericano como las culturas árabes y del Oriente Medio están todavía en transición y son culturas mayormente tradicionales, donde las relaciones personales son la clave para todas las funciones. La "red de supervivencia" es todavía fuerte. Las personas toman prioridad sobre instituciones y leyes escritas y regulaciones. En general la única vía para conseguir que las cosas se muevan es a través de un "amigo" o un "amigo de un amigo."

**Entrevista con un africano**

¿Cómo distingue usted un sudanés de un chadiano, un etíope de un somalí? Podría sorprender a muchos africanos pero no a la mayoría de occidentales que todos los africanos generalmente lucen igual a la mayoría de los no africanos.

En la última cuenta, habían 46 países diferentes, de esta manera usted tiene a los africanos sureños, los africanos del este, los centroafricanos, los africanos el oeste, y por supuesto el Horn el cual no es ni este, ni oeste, ni sur, ni norte. Si usted habla a la mayoría de africanos, ellos afirman que pueden distinguir a un africano del este de un africano del Oeste simplemente mirando la persona y un africano del Oeste le dirá que puedan distinguir a un gambiano de un sierraleonés, y un Ghana de un nigeriano a unos cientos de millas de distancia.

**Figura 7. Un mercado de pesca en Dar Es Salaam, Tanzania.**

Como un occidental, es muy importante estar actualizado acerca del patrimonio cultural de África. Es también importante informarse acerca del impacto tremendo del comercio de esclavos en África y la gran sensibilidad del africano hacia este tema.

Reconozca que algunas veces esa "impetuosidad" y el extrovertido materialismo del africano proviene de los recientes problemas y dificultades nacionalistas y de independencia de la mayoría de países africanos.

Al igual que con las culturas árabes, del Oriente Medio y Latinoamericanas, las relaciones familiares y tribales son importantes. Caiga en la cuenta de cuántas religiones diferentes y creencias tradicionales son entre-lazadas para el africano, guiándole en direcciones diferentes bajo condiciones de crisis.

Figura 8. El autor en África

**Figura 9. El autor en la isla de Goree en casa de la casa de los Esclavos localizada a las fuera de la costa de Senegal.**

Aunque, yo he comentado sobre cosas para hacer, hay cosas que uno debería evitar, como preguntar a un africano a qué tribu él pertenece. Algunos considerarían esto una imagen salvaje o una imagen en el pasado. Pregunte en lugar de eso, de qué región es usted? También, al igual que con árabes y personas del Oriente Medio evite indagar acerca de miembros de la familia femeninos tales como, la esposa, la hermana o la hija a menos que usted tenga una relación personal muy amistosa. Valdría más preguntar en general acerca de la familia.

## Entrevista con un asiático

El límite terrestre entre Europa y Asia nunca ha sido oficialmente designado. Hay muchos puntos de vista diferentes concerniente a la frontera, lo cual crea incongruencias en una cuenta completa del país. La forma más común de repartir equitativamente e identificar todos los países asiáticos se encuentran enumerados debajo:

**Asia Del Este:** China, Hong Kong S.A.R., Japón, Mongolia, Corea del Norte, Corea del Sur, Taiwán
**Asia del Sur**: Bangladesh, Bután, India, Maldives, Nepal, Pakistán, Sri Lanka

**Figura 10. Dos hombres pakistanís en la calle en Karachi, Pakistán**

**Figura 11. Un modo de transporte en Pakistán**

**Figura 12. Bote en Cachemira, Pakistán.**

**Figura 13. Parada de botes en la tienda "Cheap John" en Cachemira.**

**Asia central:** Afganistán, Irán, Kazakhstan, Kyrgyzstan, Tajikistan, Turkmenistan, Uzbekistan

**Figura 14. El autor y un amigo en Afganistán.**

**Asia del Este:** Brunei, Cambodia, hacia el Este Timor, Indonesia, Laos, Malasia, Myanmar, Filipinas, Singapur, Tailandia, Vietnam

**Australia:** Australia, Nueva Zelanda, Los Países de * *la Islas del Pacífico, Papua Guinea Nueva

**Los Países de las Islas del Pacífico incluyen:**
Samoa Americana, Islas Cook, Estados federales de Micronesia, Estados Federales de Islas Midway, Fiji,

Polinesia Francesa, Guam, Kiribati, Islas Marshall, Nauru, Nueva Celedonia, Islas Marianas del Norte, Palaos, Islas Pitcairn, Islas Salomón, Tonga, Tuvalu y Vanuatu. En total hay aproximadamente 53 países del asiático. Pero recuerde, no hay bordes definitivos alrededor de Asia. Con eso en mente, generalicémosle la cultura de un asiático.

Como en las otras culturas que hemos mencionado, la relación familiar es fuerte y se extiende más allá del núcleo familiar. El saludo y las despedidas siempre deberían incluir un obsequio para cada persona y siempre se debe comenzar con el presente para la persona de más edad. Al igual que con otras culturas formales, el entendimiento mutuo siendo tan importante en las reuniones y en la comprensión de varias culturas, evite precipitarse inmediatamente al asunto del sujeto. Las buenas maneras y las averiguaciones abrirán muchas puertas en el futuro.

Como en la mayoría de las culturas de reserva oficial en el Oriente Medio y Asia, hay una reserva natural general y la mayoría están reacios a abrirse a personas fuera de la familia. Las mujeres están frecuentemente acompañadas por un miembro familiar masculino. El asiático es también conocido por evadir el tema y así un acercamiento directo no funciona. En varios casos, a muchos jóvenes se les enseña no tener contacto visual cuando hablan con una persona mayor. Ésta no es necesariamente una forma de evasión sino un signo de respeto.

A menudo la sonrisa puede ser interpretada como un acuerdo pero en realidad la sonrisa es una cobertura de los sentimientos de alguien. No indica acuerdo.

En todas las culturas discutidas, una conducta calmada

es el atributo más efectivo al establecer entendi-miento mutuo y conversación. Alzar la voz o mostrar cólera aminora su nivel en los ojos de ellos.

Al final, para convertirse en un mejor coleccionista de información, consiga conocer otras culturas.

*"Quién va para creerle a un estafador?"*
*"Todo el mundo, si él es bueno."*

# Capítulo 10 Los Engañadores y Los Engañados

Definición - la palabra mentir puede significar muchas cosas, un artista que miente, mentir, un individuo que se gana la confianza de otros sólo con el objetivo de tomar ventaja de ello. La persona engañada es la que esta al final del juego, es el blanco o el objetivo.

La capacidad de persuadir a otros no es anormal. Incluso no es extraordinario mentir, no ser bien representado o engañar. Hay especiales técnicas para identificar y persuadir exitosamente a las víctimas, sin embargo no hay mucha evidencia en la literatura que sugiera que los mentirosos poseen un don o cualidad de entrar en las mentes de otros o manipularlos. La seguridad del mentiroso, el bajo nivel de remordimiento, dificultad para expresar afecto, o simpatía por otros, el disfrute de ser observado, el use de la hipérbole son todos sus activos de operación. Cuando un mentiroso desarrolla un sistema para aproximarse a su víctima, por ejemplo, entendiendo las creencias e ideologías de una cultura de un blanco particular, la victima comienza a ser presa del bien preparado operativo.

Así como para las víctimas, la literatura no provee información de cómo la víctima es influenciada y desarrolla confianza sobre lo que el mentiroso dice y hace

Engañar y ser engañado ha existido desde los orígenes de la humanidad. Hombres estafadores, tramposos, que toman ventaja de otros han descubierto varios métodos y esquemas para atacar inocentes personas y robar su dinero. Hoy en día estafadores y hombres aparentemente honestos están cambiando o expandiendo desde simples juegos hasta riesgosos y complejos negocios. Hoy, hombres y mujeres aparentemente honestos usan sus habilidades para engañar las fuerzas de la ley, altos ejecutivos, Oficiales de inteligencia en formas que podrían tener serias implicaciones de seguridad nacional. Tome el ejemplo de los ataques del 9/11. Estos individuos pueden ser categorizados como hombres estafadores. Ellos usaron sus inteligentes calles, se adaptaron y entendieron la cultura para llegar a las mentes de los americanos u otras naciones para imponer terror usando confiables juegos para obtener dinero de sus sistemas de destrucción.

Miremos detenidamente a un hombre o mujer estafador para entender cómo ellos son capaces de adaptarse a una cultura y sociedad de estafa alrededor de ellos, sus blancos y objetivos. Hombres estafadores están engañando y sus blancos u objetivos son sus víctimas. Aquellos quienes están interesados en atrapar a los mentirosos deben convertirse en mentirosos también. Este es muy similar al investigador o detective colocándose ellos mismos en los zapatos del criminal, o llegando a la mente de los criminales. Lo mismo aplica para entrenar mentirosos. Ellos deben entender o asimilar una mente de un hombre o mujer (mentirosos) para poder tener éxito en atraparlos o detenerlos para que no dañen sus víctimas.

Así como consideramos los dos, el engañador y el engañado y la "Guerra Contra el Terror", el engañador es inteligente, y busca métodos para obtener algo de valor o llegar a un fin. El engañado es la marca, es el objetivo .Alguien considerado inocente, confiado, y fácil de marcar. La marca o blanco inocente usualmente tiene un a debilidad que es ser identificado por el engañador. El engañador del inocente. Tan pronto como alcanzan su objetivo manipulan la confianza de su blanco inocente para su ventaja.

Estos términos, los cuales eran usados como confianza en el sentido de "creencia" viene desde mediados de 1800 Ellos se ganaban la confianza como hombres honestos siendo conocidos como timadores o estafadores.

Los elementos del crimen en el juego de ganarse la confianza son (1) una intención y falsa representación a la víctima como un factor del presente o del pasado. (2) conocimiento de que ésto es falso. (3) con la intención que la víctima crea en la representación (4) la representación hecha a la víctima se hace para obtener confianza por parte de ella y después poder obtener su dinero y su propiedad...

El grado uno es "inteligencia" no esté relacionado con el grado de vulnerabilidad de ser engañado por un estafador experimentado. Los engaños explotan las debilidades humanas como la envidia, la deshonestidad, vanidad, pero también virtudes como honestidad, compasión, o "inocencia" de creer en la existencia de algo llamado "buena suerte ". No existe un perfil típico de un estafador, abusador, mentiroso o terrorista, lo mismo que de sus víctimas.

## Notas al pie de página

1 Asociación Americana Educativa y De Investigación y, Asociación Psicológica Americana y el Concejo Nacional para la Medición en la Educación (1999). Estándares para la experimentación educativa y psicológica. Washington, DC.

2 BBC News, (enero. 2002). *Una Breve Historia del Mentir.*
(p.2, 2-3). Recuperado Noviembre 8, 2006 de http://news.bbc.co.uk/1/hi/uk/1740746.stm.

3 Ibid. (p.2, 4-5).

4 Ibid. (p.3, 4.)

5 Ibid. (p. 3 - 4, 7.)

6 Ibid.

7 Ibid.

8 Lykken, David Thoreson (1981). *Un Pequeño Temblor en la Sangre: Los Usos y los Abusos del Detector de Mentiras.* Nueva York: La compañía del Libro de McGraw-Hill, p. 26.

9 Segrave, Kerry (2004). *Los Detectores De Mentiras: Una Historia Social.* Jefferson, Carolina del Norte: McFarland y Compañía, S.A., Editores Publicistas, p. 12.

10 Carliste, Rodney, (Ed.). (2004). *El Americano* Científico: *Las Invenciones y los Descubrimientos.* Nueva York: John Wiley e Hijos, S.A., p. 359.

11 Mate, James Allan (1996). *Psicofisiología Forense Usando el Polígrafo: La Verificación Científica de Verdad – la Detección de Mentira.* Williamsville, Nueva York: J.A.M. Publications, p. 20.

12 Marston, William Moulton (1938). *La Prueba del Detector de Mentiras.* Nueva York: Richard R. Smith, p. 51.

13 Singel, Kati. (2005). "El Origen del Polígrafo Moderno." En *el Polígrafo: El Detector de Mentiras Moderno* (p. 3). Recuperado Marzo 3, de 2006,
http://www.umw.edu/hisa/resources/Student %20Projects Sing students.umw.edu ksing

14 A Larson, John. (1969). *Mintiendo y Su Detection: Un Study de Engaño y Pruebas de Engaño.* Montclair, Nueva Jersey: Patterson Smith, pp. 257-285.

15 Mate, James Allan (1996). *Psicofisiología Forense Usando el Polígrafo: La Verificación Científica de Verdad – la Detección de Mentira.* Williamsville, Nueva York: J.A.M. Publications, p. 20.

16 Ibid.

17 Ibid.

18 Stoelting Co. - El Polígrafo Analógico (2006). Recuperado en Marzo 3, 2006 http://www.stoeltingco.com/polygraph/store/viewlevel 3.asp?El eyword1=29 de la k y keyword3=83

19 Stoelting Co. - El Polígrafo Analógico (2006). Recuperado en Marzo 3, 2006 de http://www.stoeltingco.com/polygraph/store/viewlevel 3.asp? El keyword1=29 y keyword3=83

20 Segrave, Kerry (2004). *Los Detectores De Mentiras: Una Historia Social.* Jefferson, Carolina del Norte: McFarland y Compañía, S.A., Editores Publicistas, p. 12.

21 TVSA3: La Voz el Software Gratis de Análisis de Esfuerzos (1999). *Acerca Del Análisis del Estrés de la Voz.* (p. ¡2, Realmente! ¡Intente obtenerlo! ¶ 2) Recuperado en Marzo 3, 2006 de http://www.whatreallyhappened.com/RANCHO/POLI TICS/ VSA/truthvsa.html.

22 Ibid.

23 Brown, Troya E., Ph.D.;. Ryan, Andrew, Jr., Ph.D.; Y Senter, Stuart M., Ph.D. (2003). *La habilidad del Vericator ™ para Detectar los Contrabandistas en un Punto de Inspección Prendario Falsificado* (el Departamento de Instituto del Polígrafo de Defensa el Informe No. A019114). Recuperado en marzo 10, 2006, de http://www.stormingmedia.us/01/0191/A019114.html.

24 Ibid.

25 Cohen, Hal. (2002). "Los polígrafos podrían ser historia, honestos: la proyección termal ayudaría a desenmascarar a los mentirosos " en *El Científico*, p.8 Como está citado en " la Detección de Mentira: La Ciencia y el Desarrollo del Polígrafo." (*Illumin. . . Una Revisión de Diseñar en la Vida de Todos los Días;* tomo ii: Volumen 6) para, Katherine. Recuperado en marzo 10, 2006 de Http://illumin.usc.edu/article.print.php?ArticleID = 78

26 Holden, Constance. (2001). "El panel Busca Verdad en el Debate del Detector de Mentiras. " *Ciencia,* p. 967 como está citado en " la Detección de Mentira: La Ciencia y el Desarrollo del Polígrafo."
(*Illumin. . . Una Revisión al Diseño en la Vida de Todos los Días;* Tomo ii: Volumen 6) para, Katherine. Recuperado en marzo 10, 2006 de
Http://illumin.usc.edu/article.print.php?ArticleID = 78

27 Carroll, Jon. (1997). "El polígrafo digital Utiliza a un Keyboard Especial para Determine Cuando la Persona Usándolo Miente " en *la Vida de la Computadora,* p. 150 como está citado adentro " la Detección de Mentira: La Ciencia y el Desarrollo del Polígrafo." (*Illumin, Una Revisión al Diseño en la Vida De Todos los Días.* Tomo ii: Volumen 6) para, Katherine. Recuperado en marzo 12, 2006 de
http://illumin.usc.edu/article.print.php?ArticleID = 78

28 Ibid.

29 Perina, Kaja. (2002). "Las tomografías del cerebro Pueden Ser Detectores de Mentiras A Prueba de Tontos " en *la Psicología Hoy,* p. 11 tan citado adentro " la Detección de Mentira: La Ciencia y el Desarrollo del Polígrafo."

(*Illumin, Una Revisión al Diseño en la Vida De Todos los Días.* Tomo ii: Volumen 6) para, Katherine. Recuperado en marzo 12, 2006 de

Http://illumin.usc.edu/article.print.php?ArticleID = 78

30 Ibid.

31 Slotnick, Rebecca Sloan. (2002). "Diogenes: La lámpara nueva " en *Científico Americano,* p. El 127-8 citado en " la Detección de Mentira: La Ciencia y el Desarrollo del Polígrafo." (Illumin, Una Revisión al Diseño en la Vida De Todos los Días. Tomo ii: Volumen 6) para, Katherine. Recuperado en marzo 13, 2006 de http://illumin.usc.edu/article.print.php?ArticleID = 78

32 Bean, Matt. (2001, 17 de Diciembre). "Informe Especial - la Ciencia de las Mentiras: Del Polígrafo a la Huella Dactilar del Cerebro y Más Allá " en *CourtTV.com-TOP NEWs.* Recuperado en marzo 13, 2006 de http://www.courttv.com/news/feature/liedetección_ctv.html

33 Ibid.

34 Ibid.

## APÉNDICE A:
## Glosario

Al Qaeda - traducción: (*La Base*) una organización radical Islámica fundada en Afganistán. Liderada por Osama Laden.

Budismo - budismo es considerado la quinta religión más grande del mundo después de la Cristiandad, el mahometismo, el hinduismo, yla religión china tradicional.

Sello - marca fijado en un documento.

CIA - Agencia Central de Inteligencia.

Confucianismo - es un sistema chino ético y filosófico originalmente desarrollado de las enseñanzas del Confucio sabio chino antiguo. Confucio fue el fundador de las enseñanzas del Confucianismo. Confucianismo es un sistema complicado de pensamiento moral, social, político, filosófico, y religioso que ha tenido influencia tremenda en la cultura e historia o del este asiático hasta el siglo 21.

Cristiana Cóptica - es el nombre oficial para la iglesia cristiana más grande en Egipto.

Cultura - el conjunto de creencias aprendidas, valores y comportamientos de la forma de vida compartida por los miembros de una sociedad.

Contramedida - los Esfuerzos (físicas y psicológicos)

que su Sujeto puede usar para impedirle a usted permanecer en su meta, diseñados a inducirle al error para hacerle creer que le están diciendo la verdad y no escondiendo información.

Corteza cingulada - es una parte del cerebro situada en el aspecto medial de la corteza cerebral.

Detección de engaño - las actividades de un individuo que puede ser observado con los sentidos humanos usuales sin contacto físico.

Feudalismo - un conjunto general de de obligaciones recíprocas legales y militares entre la nobleza guerrera de Europa durante la Edad Media, girando alrededor de los tres conceptos cruciales de señores, vasallos, y los feudos.

FBI - Oficina Federal de Investigaciones.

Mentira - Una declaración falsa deliberadamente presentada como ser cierta; una falsedad. Diccionario American Heritage®.

Terrorista - es aquel que se involucra en homicidios, violación u otro hecho de sangre, usualmente en contra de civiles, bajo la capa del activismo político.

Corán - el Libro Sagrado Islámico, dado por Alá para el Profeta Mohammad.

Oriente Medio

El Oriente Medio se sitúa donde África, Asia y Europa se encuentran (*o Hacia el Oeste Asia*). Los países del Oriente Medio son todos parte de Asia, pero por razones de claridad las mostramos Geográficamente aquí como un continente separado.

Las opiniones difieren en lo que se refiere a cuales países componen *la definición moderna* del Oriente Medio. Históricamente, Armenia y Azerbaijan han sido por largo tiempo asociados con el Oriente Medio, pero en estos últimos años, algunas fuentes ahora consideran que ellos están más estrechamente ligados con Europa basado en sus modernas tendencias económicas y políticas. Nos hemos movido en esa dirección, y lo mismo se aplica para la isla insular de Chipre, y como también para Georgia, la antigua república rusa.

El país africano de Egipto es todavía considerado que (*por algunos*) está en el Oriente Medio, así como los países africanos del norte que bordean el mar Mediterráneo.

Tratamos aquí de mostrar la *definición moderna*, pero en mundo de geografía, hay a menudo muchas respuestas (*las opiniones personales o políticas*) a lo que parece ser una pregunta simple.

Musulmán - los Seguidores de mahometismo son llamados musulmanes.

Interrogación - Un método acusatorio diseñado para producir como respuesta de un sujeto/sospechoso, un reconocimiento que él o ella no dijo la verdad.

Islam - en árabe quiere decir "sumisión", o específicamente, la sumisión para la voluntad de Alá y la obediencia de Su ley.

Obtención de Respuesta - es la extracción sutil de información durante una conversación.

Entendimiento mutuo - Un sentimiento de conexión armoniosa entre personas o grupos de gente.

Tema - Una justificación o un motivo para las acciones del Sujeto.

El polígrafo - (comúnmente llamado *detector de mentiras*) es un instrumento que mide y registra varias respuestas fisiológicas como la conductividad de presión sanguínea, de pulso, de respiración y de piel mientras el sujeto es interrogado y contesta una serie de preguntas. El polígrafo mide cambios fisiológicos causados por el Sistema Nervioso Simpático durante una interrogación. Dentro del Gobierno Federal, una examinación con polígrafo es también llamada una examinación de detección psicofisiológica de Engaño (psychophysiological detection of deception PDD).

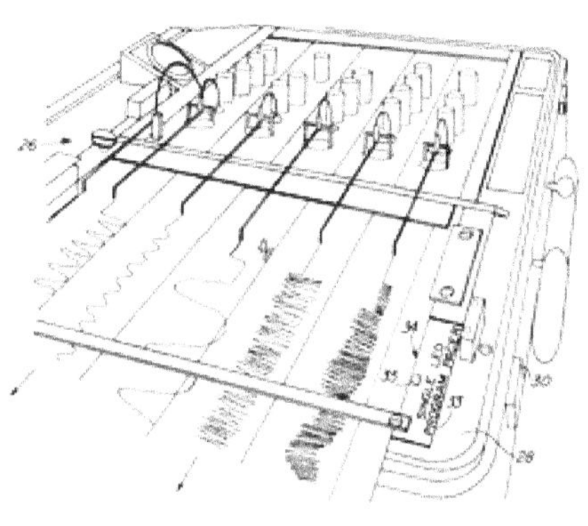

Los resultados del polígrafo se graban algunas veces en un registrador de gráfica.

Análisis del Estrés de la voz- es una tecnología más nueva que el polígrafo, pero es igual de controversial. La tecnología VSA registra respuestas psicofisiológicas de estrés que presenta la voz humana, cuando una persona sufre estrés psicológico en respuesta a un estímulo (pregunta) y donde las consecuencias de mentir puede ser horrendo para el ser sujeto 'probado '.

Proyección termal facial - Los sistemas de reconocimiento termal facial están basados en el principio que las cámaras infrarrojas pueden captar patrones de emisión de calor único en la cara de una persona.

Iran Contra - (también Irán gate), fue un escándalo político ocurriendo en 1987 como resultado de anteriores acontecimientos durante la gerencia Reagan en la cual los miembros del poder ejecutivo vendieron armas para Irán, un enemigo declarado, e ilegalmente usaron las ganancias para continuar financiando rebeldes, las contras, en Nicaragua.

Intento hostil - La amenaza de empleo de fuerza inminente por una fuerza extranjera, terrorista (s), o la organización en contra de los Estados Unidos.

Análisis conductista - el acto de interpretar el comportamiento de una persona.

El cerebro Fingerprinting - los registros que una señal eléctrica llamó un MERMER emitieron por el cerebro antes de que el cuerpo humano físicamente reacciona.

(MRI) - Imágenes por Resonancia Magnética.

Pletismógrafo para respuesta galvánica de piel - **Respuesta galvánica de la piel**: Una medida de exitación fisiológica determinado por la cantidad de disminución en la resistencia de la piel a la electricidad supuestamente debido a un incremento en la actividad de la glándula sudorípara. **Pletismógrafo:** Un dispositivo usado para encontrar variaciones en el tamaño de un segmento del cuerpo debido a variaciones en la cantidad de sangre que pasa a través o que está contenido en ese segmento.

USCBP - Aduanas y Protección fronteriza de los Estados Unidos (United States Custom and Border Protection)

Inspección secundaria - Chequeo más profundo y por separado de algunos pasajeros en un aeropuerto o en otro sitio. Los pasajeros son seleccionados para la inspección secundaria al azar o porque han despertado sospechas haciendo cosas así como comprar un boleto de ida solamente o pagar en efectivo. También llamado chequeo secundario.

Pregunta especulativa - Pregunta usada para producir como información incluyendo una presunción no mencionada en la pregunta. Una pregunta debe basarse en dos o más hechos conocidos de los cuales una inferencia razonable puede ser provocada.

Cubrir las apariencias - Confrontar es el deseo de no dar apariencia de estar débil o lucir mal ante los ojos de otros.

El verdadero creyente - Término inventado por Eric Hoffer, una persona completamente consumida por una causa. Los verdaderos creyentes actúan con carácter-ísticas conductistas similares sin importar la causa que defienden. Ellos están dispuestos a llevar acciones extremas, incluyendo violencia, para lograr los objetivos de su causa, y no aceptan crítica, desacuerdo, o filosofías alternativas. Creen que no pueden estar equivocados y que su filosofía explica todas las realidades de la vida social.

Protesta - Una declaración hecha por la persona practicando engaño diseñado para prolongar al entrevistador.

WorldCom - WorldCom ha admitido orquestar uno de los fraudes más grandes que lleva las cuentas en historia.

El ejecutivo en jefe Bernie Ebbers pidió centenares de millones prestados de la firma a asumir responsabilidad financiera por los altos precios que él había pagado por las propias acciones de la compañía.

Enron - Cuando el gigante de energía Enron reportó los resultados del tercer trimestre el pasado octubre, reveló un gran agujero negro, misterioso que derrocó los precios de sus acciones . La compañía admitió que exageró sus ganancias por $3.8bn (£ 2.5bn) entre enero del 2001 y marzo del 2002.

La firma estaba encubierta en el escándalo después de la partida de su fundador Ebbers, en abril.

El regulador financiero estadounidense - la Comisión de Bolsa y Valores (Securities Exchange Comisión SEC) - lanzó una investigación a la firma y sus resultados.

Dónde todo comenzó - Oficina central de Enron en Houston.

Enron luego admitió que exageró sus ganancias, enviando las acciones aun más abajo.

Una vez que se aclaró que el éxito de la firma fue en efecto una estafa elaborada - un grupo de muchos inversionistas indignados, empleados, jubilados y políticos quisieron saber por qué las fallas de Enron no fueron divisadas antes.

Se piensa que el gobierno estadounidense estudia la mejor forma de formular acusaciones criminales en contra de la compañía.

Andersen - la Atención rápidamente recurrió a los auditores de Enron - Andersen.

La pregunta obvia fue ¿por qué los auditores - encargados de verificar la condición verdadera de los libros de la compañía - no sabían lo que pasaba?

Andersen reaccionó destruyendo documentos Enron, y en 15 junio que un veredicto culpable fue alcanzado por obstrucción de caso de justicia.

David Duncan de Andersen hace frente a las consecuencias

El veredicto señaló un fin para la ya la mortalmente herida firma de contaduría.

Ésta no fue la primera vez que las prácticas de Andersen han estabo bajo escrutinio - previa-mente había sido multado por la Comisión de Bolsa y Valores por auditorear trabajo para una firma de eliminación de desechos Waste Management a mediados de 1990s.

El caso Andersen pone sobre el tapete una pregunta más amplia acerca de llevar cuentas en Estados Unidos y cómo podría restaurar su reputación como el garante de la presentación honesta de cuentas.

Adelphi - La compañía de Telecomunicaciones Adelfia Comunicaciones se declaró en bancarrota el 25 de junio.

El sexto operador de cable televisivo americano más grande está enfrentando investigaciones reguladoras y criminales en su contabilidad.

La compañía ha recapitulado sus ganancias por los pasados dos años y admitido que no tuvo tantos suscriptores de televisión por cable tal como se afirmaba.

La firma ha despedido a sus contadores, Deloitte y Touché.

Xerox - En Abril, la Comisión de Bolsas de Valores presentó una demanda civil en contra de el gigante de las fotocopiadoras Xerox por distorsionar el valor de cuatro años de ganancias, resultando en una exageración de cerca de $3bn.

La empresa Xerox negoció un acuerdo con la Comisión de la Bolsa yValores en lo concerniente al. Proceso judicial.

Como parte de ese acuerdo, la empresa Xerox acordó pagar una multa de $10m y reafirmar el valor de cuatro años de intercambiar declaraciones, mientras que ni admite, ni niega, cualquier hecho ilícito.

La condena es la más grande jamás impuesta por la Comisión de Bolsa y Valores en contra de una firma públicamente intercambiada en relación a fechorías de contabilidad.

Tyco - A principios de junio, el Fiscal del Distrito Estadounidense extendió una investigación criminal del anterior ejecutivo en jefe de la firma, Dennis Kozlowski.

Dennis Kozlowski - el hombre detrás de la creación del conglomerado Tyco - es acusado de evitar $1m en los impuestos de ventas del estado de Nueva York en compras de obras de arte por un valor de $13m.

La indagatoria de la Comisión de Y Bolsa y Valores a Tyco es comprendida por relacionarse solamente con el señor Kozlowski - pero hay miedos de inversionista que la investigación podría revelar irregularidades de contaduría.

La semana pasada, Tyco dijo que ha entablado un proceso legal en contra de uno de sus exdirectores, Frank Walsh, para tomar una retribución no autorizada de $20m.

Global Crossing - Global Crossing fue brevemente una de las estrellas más brillantes del firmamento de la tecnología avanzada.

La compañía de red de telecomunicaciones se declaró en bancarrota Capítulo 11 el 28 de enero.

La economía peculiar de ancho de banda significaba que las firmas podrían proyectar la apariencia de negocios ágiles al intercambiar acceso a la red con cada uno.

Eficazmente podrían reservar ingresos cuándo en muchos casos ningún dinero cambiaba de manos.

Reguladores de Estados Unidos están ahora mirando de cerca el colapso, y cuestionando si éste es otro caso de una compañía haciendo resaltar sus sumas totales.

Qwest - Qwest, la tercera compañía telefónica regional estadounidense más grande, se convirtió en el blanco de fiscales y reguladores en 2002, después de que sumó £ 2.2bn en ingresos.

En abril, Nacchio fue encontrado culpable de 19 cuentas de utilización lucrativa de información restringida. Él fue declarado inocente en 23 cargos.

Merrill Lynch - En esta atmósfera de desconfianza corporativa, el papel de bancos inversionistas también ha afrontado un escrutinio aumentado.

Los analistas fueron sospechosos de aconsejarle a los inversionistas a comprar acciones que ellos en secreto pensaron no tenían valor. La justificación para este "consejo falso" fue que luego podrían poder obtener banca inversionista empresarial de las compañías afectadas.

Merrill Lynch alcanzó un acuerdo con el fiscal general de Nueva York Eliot Spitzer. El acuerdo impuso una multa de $100m a Merrill pero no exigió confesión de culpabilidad.

Bajo el trato, Merrill Lynch ha acordado cortar todos los enlaces entre la paga de analistas y los ingresos inversores de banca.

(CAM). - Monitor de Actividad Cardíaca (Cardio Activity Monitor)

Psicofisiologista Forense. - Poligrafista.

(PSE). - El Evacuador Psicológico de Estrés (Psychological Stress Evacuator)

(VSA). -Analizador de Estrés de la Voz(Voice Stress Analyzer)

(CVSA). - Analizador Computarizado del Estrés de la Voz (Computerized Voice Stress Analyzer)

## AGRADECIMIENTOS

A mi familia, especialmente mi esposa, quien jugó un papel importante en animarme a compartir mi filosofía de actuar como una clave para el éxito.

Un especial agradecimiento a mi agente Cynthia Lemay y Kat Quevedo que sirvieron como la vanguardia y los contribuidores detrás de escenas en el enfoque, la dirección, y la paciencia para hacer de éste "algo bien hecho por primera vez."

Gracias a aquellos que han tenido un impacto especial en el desarrollo de este libro existencialmente y analíticamente, el Señor Terry Wachtell y el Señor Tim James.

Gracias especiales a esos amigos y colegas que me han alentado y provisto de entendimiento profundo en las aguas turbias de contratos y editoriales, El Honorable Eugene Sullivan, Danielle Saunders y Brad Juneau.

Estoy especialmente agradecido con Hollis Helms, director general de Abraxas Corporation, por sus años de apoyo académico durante mis tiempos en Oxford, y en general por su fe inquebrantable en las muchas nuevas ideas y empeños que he reunido en los últimos cuatro años y medio.

Lo que es más importante, y con un sentido de orgullo, le dedico este libro al Primer Teniente Kurt Martine, un Guardia Nacional Militar Estadounidense que tocó mi vida con su coraje en la batalla más grande de todas, la lucha por la supervivencia. Lo queremos Kurt.

Para todos ustedes amigos, familiares y colegas de confianza, no mencionados por el nombre, voy a estar agradecido por siempre.

# Indice

El autor en Nueva Delhi, alrededor de 1980.

## Acerca Del Autor

Barry L. McManus, Vicepresidente de Servicios Detección de Engaño de Abraxas Corporation en McLean, Virginia se unió a la Agencia Central de Inteligencia en 1977 con un grado en Sociología como un oficial de seguridad del personal en la Oficina de Seguridad, después de servir cinco años en el Departamento De Policía Metropolitana en Washington, D.C. el Sr. McManus sirvió en la Costa Oeste y en la protección personal del DCI con el ex director de Agencia Central de Inteligencia William Casey. En la administración, Sr. McManus, pasó la mayor parte de su tiempo en el extranjero antes de encontrar su hogar en la División del Polígrafo en noviembre de 1982, donde él sirvió para el resto de su gestión. Él se desempeñó en todas las ramas del Polígrafo, trabajó como un supervisor de línea a nivel nacional, y sirvió como Jefe de la Oficina de un despacho de polígrafo en el exterior.

El Sr. McManus regresó a la excitación del lado técnico de polígrafo después de algunos años en gerencia y se convirtió en un interrogador y examinador experto. Para alcanzar el nivel de "experto " en el campo operacional, un examinador debe ser conocedor a fondo del ambiente de ultramar y debe demostrar competencia superior en las técnicas del polígrafo. El Sr. McManus tomó entrenamiento en idiomas y otros entrenamientos requeridos de un operador extranjero. En este papel, el señor McManus estuvo involucrado principalmente en soporte de Dirección de Operaciones. Su misión principal era dirigir casos de alta ganancia, y de alto riesgo. El Sr. McManus ha tomado su papel seriamente. "Cuando se trata con vidas humanas, se tiene un mayor impacto. Usted tiene que respetar esa responsabilidad."

El Sr. McManus tiene amplia experiencia profesional en el Oriente Medio, África, Europa y América Latina. Su gestión lo ha llevado a más de 130 países. Profesor Asociado en Administración de Justicia, Sr. McManus ganó un B.A. en Sociología en Loyola College; Maestría en Organización y Gestión en Webster University; Y actualmente completa un trabajo sobre un Doctorado de Artes en la Enseñanza Superior en George Mason University. El Sr. McManus es notable por su contribución en el apoyo a la lucha en contra del Terrorismo. Por su servicio para la seguridad nacional de los Estados Unidos, el señor McManus recibió de la CIA la Medalla de la Carrera de Inteligencia.

www.ingramcontent.com/pod-product-compliance
Lightning Source LLC
Chambersburg PA
CBHW070925270326
41927CB00011B/2720

* 9 7 8 0 9 8 1 5 8 5 5 1 2 *